A VERY SHORT INTRODUCTION

哲学がわかる

自由意志

トーマス・ピンク THOMAS PINK

戸田剛文　豊川祥隆　西内亮平 訳

岩波書店

FREE WILL

FREE WILL: A Very Short Introduction
by Thomas Pink

First published 2004 by Oxford University Press, Oxford.

This Japanese edition published 2017
by Iwanami Shoten, Publishers, Tokyo
by arrangement with Oxford University Press, Oxford.

はじめに

自由意志についての問題は、古くからある。古くからあるものはどれもそうだが、この問題は時代とともに変化してきた。この本には三つの目的がある。つまり、現在論じられているように、自由意志の問題を紹介すること、どのようにしてこの問題が現代の形をとるようになったのかを説明すること、そして、今の形になったこの問題がどのように解決されるのかを提案することである。

この本は、たんなる入門書を目的としているのではなく、自由というテーマについて私自身の考えを述べることで貢献することを意図している。ここに提示した考えは、私が出版を計画しているほかの書や論文でより詳しく展開されている。関連する参考書は、本書の最後で挙げておいた。

ティム・クレイン、ピーター・ゴールディ、ジェニファー・ホーンズビー、ティム・ノーマン、マーティン・ストーン、そしてオックスフォード大学出版局の原稿閲読者と私の妻、ジュディに感謝する。みんなが原稿のすべてを読んで、多くの有益な意見を与えてくれた。

目次

＊原書の図は本文を読むうえで必要なもの以外は割愛し、索引は新たに訳者(戸田)が作成した。注は訳注であるが、原書本文中の簡単な典拠表示もここに区別せず示した。

第1章　自由意志の問題

自由意志の問題とは何か？

あなたがコントロールできないものが確かにある。あなたが生まれる前にすでに起きたこと、あなたが住んでいるのはどのような宇宙なのか。こうしたことは、けっしてあなたが好きなようにできることではない。同じように、あなた自身の多くの特徴、つまり、あなたが人間であり、いつか死ぬであろうこと、眼の色、あなたをいま直接に取り巻いている環境について、どのような経験によって信じるようになるか、そしてあなたがいま感じている欲求や感情の多くでさえ、コントロールできるものではない。

しかし、あなたがコントロールできるものもある。現在や未来の、あなた自身の行為がそれである。このあとの数時間を自宅で読書して過ごすか、映画を観に行って過ごすか。今年の休日に、どこに出かけるか。次の選挙でどのように投票するか。会社で働き続けるか、退職し、職業として物書きを志すか。こうしたことは、あなたがコントロールできることである。そしてあなたがこうしたことをコントロールできるのは、それらがあなた自身の考えによる行為に、つまり、遂行するか否かがあなた次第である行為に依存しているからである。普通の、精神的に健康な成人として、あなたがどのように行為するかは、自然環境や他の人のうちに生じることではなく、まさにあなた自身の問題である。あなた自身の行為に関するかぎり、あなたには責任がある。

私たちがどのように行為するかについてコントロールできるという考え、私たちの行為が私たち次第であるという考えは、私たち全員が共有している考えである。この考えは、私たちの思考の、とぎれることのない根本的な特徴であり、私たち全員が認めることができる特徴である。そしてこの考えに抵抗するのは難しい。哲学をするときにどんなに疑い深くなろうとも、いちど日常生活に立ち返ってみれば、私たちはみな、どのように行為するかということは、自分に責任のあることだと考え続ける。どのように行為するかについて、自分自身をコントロールできるという考えは、人生をとても価値あるものだと考えさせてくれるものの一部となっている。どのように行為するか指図したり、コントロールできたりするかぎり、私たちの人生は、本当の意味で自分が達成したものであるとか、失敗したものであると言えるようになる。私たちの人生は自分自身のものであって、ただたんに受動的に楽しんだりがまんしたりするだけでなく、私たち自身が指図し、作り出すものなのである。

そのように私たちは考える。しかし、私たちは本当に、自分の行為に責任があるのだろうか。過去や宇宙の性質、そして私たちの信念や感情の多くでさえもが私たち次第ではないのに、どのように行為するかということについて、本当に自分に責任があるのだろうか。どのように行為するかを実際にコントロールできるかどうかという問題、そしてこのコントロールが何を意味しているかという問題は、哲学者たちが自由意志の問題と呼ぶものである。

そしてそれこそがまさに問題なのである。自分の行為をコントロールできるという考えがどれほどなじみ深いものだと思えようとも、実際のところその考えはけっして明らかではない。どのように行為するかということを自分でコントロールできるかどうか、そしてこのコントロールが何を要求し、何を意味しているのか。また、私たちがコントロールすることが重要なのかどうか。もし重要であるならば、なぜ重要なのか。このようなことは、哲学における最も古くからある難しい問題の一つである。

自由意志の問題の長い歴史は、その名前のうちに表れている。自由と意志という言葉は、日常生活の中で、自分の行為に対するコントロール、つまり、行為が私たち次第だということについて話す場合に、普段はあまり用いられない言葉である。それにもかかわらず、この二千年以上ものあいだ、自身の行為を私たちが本当にコントロールできるかどうかについての問題を議論するために、西洋の哲学者たちは、まさにこうした言葉を使用してきたのだ。彼らが自由と意志という言葉を選んだということは、私たちが行為をコントロールできるかどうかがなぜ重要なのか、そして、行為する仕方をコントロールすることが何を意味するかについて教えてくれる。この二つの言葉について少し説明しよう。まず、自由からはじめよう。

ギリシアの哲学者であるアリストテレスは、道徳についての最も古く重要な哲学的考察である『ニコマコス倫理学』の中で、行為とそのコントロールについて論じた。しかし、この『ニコマコス倫理学』の中でアリストテレスは、私たちがどのように行為するかをコントロールできると言ったが――私たちの行為はエピ・ヘミン(eph' hemin)、すなわち「私たち次第である」と述べたが――、実際のところ彼は、エレウテリア(eleutheria)、すなわちギリシア語で自由を意味する言葉を、行為のコントロールを記述するために用いなかった。エレウテリアは、政治的な議論の中で政治的自由[*1]を表す名前として用いられる言葉でしかなかった。ギリシアの哲学者たちが、まったく政治的ではない新たな意味で、行為の仕方をコントロールできるという考えを指し示すために、エレウテリアを使いはじめたのは、アリストテレスより後の時代においてであった。そしてそれ以来ずっと、私たちの行為が私たち次第であることについて議論する哲学者たちは、アリストテレスより後のギリシア人たちに従った。政治的自由を指し示すために用いられた自由という言葉は、自分の行為に対する個々の人物のコントロールを指し示すためにも用いられた。もしもあなたのすることが本当にあなたのコントロールの範囲にあるなら、あなたは、実際にしているのとは違った仕方で行為する自由があると言われる。哲学者の言葉で言えば、あなたは自由な行為者なのである。

　このように、自由という言葉には二つの用法があり、それらは、政治的自由と私たちの行為のコントロールを表す。そしてこれらの二つの用法は、重要な意味で異なっている。なぜなら、政治的自由をもつことと、あなたがどのように行為するかについてコントロールすることは、まったく別のことだからだ。政治的自由は、国と私たちとの関係に関わり、私たちがその一部となっている、より大きな共同体に対する私たちの関係に関わっている。とりわけ、政治的自由は、法律や法の抑制を通じて、国家が国民の行動を制限するのをどの程度避けるかに主に関わっている。その一方で、行為のコントロールは、直接的には、そのような国家との関係とまったく関わりがない。完全に一人で孤島に住み、政治的な集団からはなれ、政治的な自由をもつかどうかがまったく問題にならないような場合でも、人は自由な行為者であり、自分の行為をコントロールできる。しかし、政治的自由をもつことと、行為の仕方をコントロールできることが同じではないにしても、行為のコントロールを理論化しようとする試みの歴史には、政治的な自由の場合と多くの類似点がある。これは偶然ではない。実際、同じ「自由」という言葉が、どのように行為するかをコントロールすることと、根本的な政治的価値を指し示すために用いられるということは、きわめて自然なことなのである。

そもそも、行為のコントロールと政治的な自由のあいだには、ある種の類似点がある。私たちは、自分の生活をある程度コントロールすることで、自然環境の中でのある種の自立性、つまり、木の棒や石、そしておそらくは下等な動物さえもっていないような自立性を得る。私たちは、自然に指図されたり、つき動かされたりせずに、宇宙のうちに存在する。それは、その市民に多少の政治的自由を許し、とりわけ彼らに起こる出来事についての決心をある程度共有することを認める自由主義政府や国家のうちに市民が存在するのと同じである。自由主義国家におけるように、自然においてもまた、少なくとも一部の生活について、私たちは自分自身を方向づけることができる。自然もまた、多少の自由を私たちに許容するのである。

確かにこの類似点は、古代ギリシアの哲学者たちに重視された。彼らの多く、そしてとりわけ、もともと議論したり教育したりするために落ち合った場所であるアテナイのストア、すなわち柱廊という言葉を冠したストア派は、自然を、理性によって統治され、支配された宇宙の状態のようなものだと考えた。しかし、このような類似点だけではない。思うに、今日の私たちにとってより重要なのは、行為をコントロールできること――この意味で自由な行為者であるということ――には、ある明らかな政治的意義、つまり、政治的自由として考えられた自由の意義があるという事実である。なぜなら、どのように行為するかをコントロールできる人間としての私たちの状況と、国家との関係における私たちにとっての自由の価値には、それなりのつながりがあるからである。もし私たちが、自分の人生をコントロールできたり自分の運命に責任を負うことができると考えられなかったり、あるいは実際にそう考えることがなかったりすれば、確かに政治的自由、すなわち、政治的領域において私たち自身の人生や運命を方向づけることを国家が私たちに許すことは、私たちにとって、重要な価値があるものと思われないだろう。だから、行為のコントロールと、その行為のコントロールに依存しているように見える政治的価値の両方を指し示すために、同じ言葉を用いることにしよう。

意志という言葉についてはどうだろうか。この言葉は、哲学者たちによって、さまざまな意味で用いられてきた。しかしとりわけ重要な用法の一つは、普通の成人している人間の全員がもっている、とても重要な心の能力である、意思決定の能力を指し示すためのものであった。私たちはみな、映画を観に行ったり家に留まったりする、などといった行為を遂行できるだけではない。その前にまず、どの行為を遂行するかを自分自身で決心することができる。意思決定や選択するというこの能力は、自分の行為をコントロールしたり、その責任を負ったりするという私たちの能力にとって、中心的なものだろう。実際、私たちは普段、自分の行為が自分の決心と結びついていると言うことによって、行為が「私たち次第であること」を伝える。「私がすることには私に責任がある！　それは私が決断したことだ！」このように私たちは主張する。

行為の自由もまた、とくに意思決定の自由、つまり意志の自由に依存する。どのように行為するかについて私たちに責任があるのは、どのように行為するかを決心する能力を私たちがもっており、どのような決心をするのかが、私たち次第だからである。このことは、私が主張しようとしていることであり、多くの哲学者がかつて信じていたことである。しかし、一七世紀以降、英語圏の伝統のうちにいた哲学者たち、つまりイギリスやアメリカで活動していた哲学者たちは、行為の自由が意志の自由と関わりがあることをしばしば完全に否定してきた。彼らによれば、私たちが普段何を考えようとも、意思決定の自由のようなものは存在しないのであり、あったとしても、行為の自由は意思決定の自由とはまったく無関係なのである。決断の意志や、自由とその意志との関連性についてのこの論争の背後には、人間の行為の本性についての根深い論争がある。

注意すべきことだが、私たちの自由は、行為の自由、つまり、何かをしたり控えたりする自由である。反対に、自由は、少なくとも直接的には、何かをしないことの特徴ではない。願望や欲求、もしくは感情を例にとってみよう。願望や感情は、明らかに行為ではない。それ自体としては、それらは、私たちに現れる状態、もしくは私たちの状態である。願望や感情、感覚は、私たち自身の意図的な行為として直接的に生みだされるものというよりも、私たちに生じるものであるという意味で私たちにはどうしようもないものである。そして、願望や感情は、行為ではなく、私たちに対し受動的に生じるものだから、私たちは直接にコントロールできない。どの行為を遂行するかが私たち次第であるのとは異なり、私たちが何を欲し、感じるかは、直接的には私たち次第ではない。

もちろんときには、私たちが欲したり、感じたりするものを私たちがコントロールできることもある。しかしそれは、先行する行為を通じて、望んだり感じたりすることに対し、私たちがある程度影響を与えることができる場合に限られる。たとえば私は、ランニングをすることで、食べ物に対する食欲を増大させることができるし、軟膏を塗ることで、もしくは去年の休日のことに意図的に心を向けることで痛みを和らげることができる。行為を直接コントロールすることは、願望や感情といった受動的な出来事に対する行為の効果によって、同時にこのような願望や感情に対する間接的なコントロールを私に与える。行為に対するコントロールのおかげで、同時にその行為の結果をコントロールすることが、私たちにはできるようになる。しかし私たちの自由が、究極的には行為の自由であることにはかわりがない。自由はいつも行為を通して、すなわち、私たちが意図的に行ったり控えたりすることを通じて行使されるのであり、それは行為を通してのみ行使されるのである。

自由と行為のこのかたい結合は、かなり重要である。この結合はまた、自由が何を含意するかを理解するためには、人間の行為の性質、すなわち私たちに自由を行使できるようにする媒介物についても理解する必要があることを意味している。

ここで私たちは、意思決定の問題と、自由におけるその位置づけの問題にたどりつく。とりわけ古代後期や中世において、哲学者たちは、意志の観点から行為と自由のつながりを説明してきた。行為の自由についての問題を記述する「自由意志の問題」というその言葉から、私たちは、行為の自由が意志の自由と同じであるという信念が、どれほど一般的であるかを思い知らされる。自由は、本質的に決心や選択に特徴的なものと考えられた。自由はすべて意志の自由だと考えられたのである。私たちは自分の決心を直接コントロールする。そして自分の決心によって、ほかのものすべてをコントロールする。意思決定もしくは選択は、人間の行為の中心的な構成要素であり、そして実際に行為によって直接的に実現されるものなので、自由は行為と結びつけられる。行為することは自由意志を行使することだから、自由は行為にあてはまるのである。

哲学者たちが、この意志にもとづく行為の理論を信じたのは、はたして正しかったのだろうか。彼らが、行為の自由が意志の自由と同一であると信じたのは、正しかったのだろうか。後で見るように、彼らの理論に対しては、いくつかの重要な反論がある。そしてより最近の英語圏の哲学では、行為と自由についての、意志にもとづくこの理論が間違いであると考えられる傾向にあったことは確かである。実際、イギリスやアメリカにおける近代哲学では、しばしばその対極に向かった。そういった哲学が主張してきたのは、行為や、行為のコントロールは、本当は、意志や意志の自由とまったく関係がないということだった。しかし、私が主張しようとしているのは、この近代の反応もまた誤りだということである。もし意志や意志の自由から、行為やそのコントロールを完全に切り離そうとするなら、私たちは、自由をよりよく理解するどころか、最終的に自由の存在をまったく信じないことになるだろう。自由意志問題から意志を取り除くことは、実際には、さらに自由を取り去ることになるのである。

意志という概念なしでは、私たちは行為の自由をまったく理解することができない。その概念をぬきにすると、多くの近代の哲学者と同じように、私たちは最終的に、自分の行為が自由であり、自分次第であるという考え全体が、たんに混乱したものであると考えることになるだろう。そしてそれは実際に、多くの近代の哲学者たちが考えたことである。彼らは、事実問題として、私たちが、(まるでそうではないこともありえたかのように)行為の仕方をたまたまコントロールしなかったと考えるだけではない。彼らは、その考え自体が混乱した、矛盾したものであるために、行為の自由は何かありえないもの——誰もけっしてもつことができないようなもの——だと考える。現代の哲学においてますます想定されてきているように、行為の自由という信念は、丸い四角の信念と同じように、不整合なまやかしなのである。

自由と道徳性

しかし、行為についての私たちの自由が、なぜこのような問題になるかについて、より詳細に考察する前に、私たちは、自由の重要性について——私たちが自由であるか否かがなぜ重要な問題になるかについて——さらに見ていく必要がある。私たちは、道徳における自由の位置づけを見ていく必要がある。そしてここで再び、行為にスポットライトがあてられることになる。

私たちは、私たち自身が行ったり、することを控えるといった行為が、特別な道徳的重要性をもっていると自然に考える。日常的な道徳のきわめて重要な点は、個人的な道徳責任、すなわち、人々はどのように自分の人生を生きるかについて責任があるという考えに集中している。その場合、人生においで私たちに直接的に責任があるのは、自分の行為である。私たちは、自分がすることとやしないことに対して、それぞれ責任をもつ。私たちは日常的にこのように思っている。もし、適当な理由なしに、意図的に別の人を傷つけたり、害すると知っているような仕方で行為するなら、たとえば意図的に友人が傷つくような言葉を発したならば、あなたは自分が引き起こした危害に対して責められることになるだろう。他の人は確かに、あなたを責め、あなたに責任があると考えるだろう。そして自分がしたことを考えるようになるとき、あなたが自分自身を責めるようになるのももっともである。あなたは、自分がしてしまったことが罪だと感じるようになるだろう。

道徳は私たちに、義務の基準、私たちが守ることに責任をもつような基準、そして私たちが守らなかったことに対し正当かつ公正に責められるような基準を示す。そしてこれらの基準は、行為にあてはまる。しかし、同じ責任の重圧は、感情や欲求、少なくとも私たち自身の行いとは独立に私たちに現れるような感情や欲求には課せられない。たとえば、私があなたに対して敵対する感情を経験するとしよう。しかし、もしこの感情がただ私に現れるだけであれば、つまり、もしその感情が、私が行ったことの結果ではなく、そして私がそれを妨げるためにできることが何もなければ、どうして私はそれに対して責任をもつことができるだろうか。

私たちは、自分自身がしたりしなかったりすることについて非難されるかもしれないが、自分自身の行いとは独立に私たちに起こることについて非難されることはない。責任についてのこのような考えは、とても自然でなじみ深いものである。しかし、私たちがどのように行為するかということや、そのような行為の結果に対して道徳責任をもつようになり、それ以外のものに対してもたないようになるのは何によるのだろうか。

適切な説明に必要な手がかりとなるのは、道徳責任と、特定の形式をもった自己決定のあいだのつながりであろう。非難——過ちを犯したことについて誰かに責任があると考えること——の本質は、それが行為者自身に向けられることである。私たちは結局のところ、責任があるのは行為者自身、行為者当人であって、たんにその人に結びついている何らかの出来事や過程ではないと主張しているのである。それゆえ、行為者が責任をもつと私たちが考えているものは、適切かつ公正に、行為者に結びつけられ、帰されるものでなければならない。行為者が責任をもつと考えられているものは、それが起こることを行為者自身で決めたものでなければならない。それは、行為者自身によって決められたもの、いわば自己決定されたものでなければならない。もし自分の行為に責任があり、自身の感情や欲求に責任がないなら、それがなぜかについての説明は、関連する自己決定が行為のうちに見いだされる一方で、欲求や感覚のうちには見いだされないといったものでなければならない。

私たちには自分の行為に対して道徳責任があり、自分の感情や欲求に責任がないのはなぜかについて、常識が明白な説明を与えてくれるように思われる。常識は、自由、すなわち、私たちがコントロールしていることや私たち次第であるものに訴える。私たちがどのように行為するかは、まさに私たち次第であるが、どの感情をもち、またどの欲求が私たちに現れるかは、私たち次第ではない。私たちは行為をコントロールするが、行為と独立な感情や欲求については、直接的にコントロールできない。そうした理由から、私たちは自分の行為に道徳的に責任があり、私たちの感情や欲求には責任がないのである。

道徳責任を説明するために自由に訴えるのは、とても自然なことである。そしてそれは、コントロールや自由の行使が、まさに自己決定の最も直観的な形式だからである。私たちにとって、行為者を彼の自由の行使と結びつけて考えるのが自然である。結局のところ、コントロールしているのは、行為者なのである。

そこで、私たちが自由な行為者であり、どのように行為するかをコントロールしているという考えは、私たちの道徳的思考の核心にあるように思われる。責任や有罪に対する反応が公正であるのは、あなたが行為する際、どのように行為するかを本当にあなたがコントロールしている場合だけである。あなたが傷つける一言を発するか否かは、本当にあなた次第であっただろう。もしあなたの一言が全面的にあなたのコントロールの中にないのなら、傷つける一言を発したという事実について、どうしてあなたが責められなければならないのだろうか。

もしも非難や罪悪感のような感情を支持し、正当化するものが私たちの自由であるなら、法廷が人を罰し、彼らがしたことに対し責任があると法的にみなすとき、人間の自由は、私たちの法的体系において前提とされている。なぜなら、罰が、たんなる拘束や暴力とは異なり、真の罰であるとみなされるのは、その罰が、罰に値すると考えられるものとして、悪事に科される場合に限られる。罰は、罰せられた人が本当にその誤った行いについて責められるべきであり、結果として彼らがその行いに対して、本当に責任があるのだということを、その主張に組み入れてきた。ただその場合、罰が公正なのは、罰せられる人が自分の行為をコントロールしており、彼らが行ったように行為するか否かが、実際に彼ら次第である場合に限られるのである。

行為のすべてを、私たちがコントロールできる必要はない。ことによると、ある人は本当の窃盗癖のある人であり、盗まないという自由を取り除き、文字通り物を盗むよう強迫するような欲求に襲われる人かもしれない。もしこのようなことが可能だったとしても、彼らが盗むことは、まったく適切に、彼らの真の行為、彼らが意図的に行ったことだろう。しかし、盗まないという自由が欠けているため、彼らの行為は、彼らに責任のあるものではないだろう。もし道徳責任のための重要な概念が自由ならば、行為が私たちの責任となるのは、その行為が実際に自由になされ、遂行するか否かをコントロールできるものである限りにおいてだからである。

道徳責任が自由に依存するというこの考え方は、とても自然なものである。しかしその考え方はまた、とても議論の余地のあるものでもある。多くの哲学者たちは、私が常識的な見方として示したものが、実際に常識的であること、もしくは常識的であるだろうということを否定してきた。近代哲学においては、道徳にとって自由が重要であるかについて、もしくはさらに、行為が特別な道徳的重要性をもつかについて、まったく同意がなされていない。この不一致の重要な理由の一つは単純である。行為の自由は、非常に混乱した考えであると示され、そして今日の視点においても、しばしば不整合で不可能だと考えられてきたので、哲学者たちはますます、道徳哲学を論じるときに、その概念をたんに無視したり、放棄する傾向になりつつある。彼らは、自由について語ることなしに、道徳性を理解しようとしてきたのである。

哲学者のなかには、私たちが自身の行為に対し、そして自身の行為に対してのみ道徳的に責任があるということを、なおも認める人もいるだろう。しかし彼らは、この責任が、私たちの行為の自由に依存することを否定するだろう。行為についての何らかの別の特徴、つまり、私たちが行為に対して行うコントロールとは無関係でありながら、どのように行為するかについて、私たちに責任があるようにする何かが存在すると考える。もしくはその哲学者たちは、自身の行為に対する私たちの固有の責任を、説明する必要のないものであるとみなすのである。

しかし、ほかの哲学者たちは、それよりもさらにラディカルだった。一八世紀のスコットランドの哲学者であるデイヴィッド・ヒュームにとって、道徳は、行為に対する責任とまったく関わりがなかった。彼の意見では、私たちは、自分の行為に対して特別な道徳責任――またそれは、私たちが自分の行いではないものに対してもつことのない責任でもあるが――をもたない。行為は道徳において実際に重要ではない。行為はせいぜいのところ、実際に重要であるものの結果や記号、もしくは徴候でしかない。道徳は欲求や感情に、つまり私たちの行為に先行し、その行為を私たちに遂行させるような動機、感情、性格に関係のあるものであり、行為それ自体とはあまり関係がない。道徳は、主として賞賛すべき、徳のある人物であることに関わる。正しい行為を遂行すること、正しいことを行うことは、二次的なものであり、徳のある人物であることから生じ、帰結するようなものでしかないのである。

私たちは、道徳性や道徳責任を、自由に訴えることなしに理解できるだろうか。私はできないと主張するつもりである。行為は実際に、道徳性において特別な重要性をもっている。私たちは実際に、私たちにたんに生じるものについて責任をもつことがない一方で、自分自身で行うことについて責任をもつ。とはいえ、私たちの行為についての特別な責任は、説明される必要がある。そして、これから見るように、行為がもつ特別な重要性を説明するものは、自由でしかありえない。人間の行為が実際に何を含意しているかを一度理解してしまえば、そしてとりわけ、人間の行為において、意志によって担われている役割を一度理解してしまえば、私たちは、自身の行為の道徳責任について、いかなる他の説明もうまくいかないことがわかるだろう。意志を自由意志の問題にとりもどすことは、私たちの自由や、私たちがどのように自由を行使するかということを、道徳性の中心にとりもどすことを意味するのである。

しかし、なぜ自由の存在が信じられないことがあるのであろうか。私たちの行為の自由を脅かすもの、より正確には、自由意志の問題がなぜ問題であるかについて、目を向けてみよう。

なぜ私たちは自由でないのかもしれないのか

私たちの大部分は、自由についてのある重要な想定を行うことからはじめる。私たちは自然に次のように想定する。それは、私たちの行為の自由は、行為が私たちにコントロールできない先行する原因によって生じることが決定されており、強いられていることと、相反するはずであるということだ。たとえば、あなたが産まれる頃までには、世界はすでに、あなたの人生を通じて行う予定であることを、正確に規定するような原因――あなたが産まれた環境であったり、あなたがもって産まれた遺伝子であったりなど――を含んでいると想定してみよう。その場合、どの段階においても、あなたがどのように行為するかは、けっしてあなたが好きにできることではない。もし、そもそものはじめから、あなたがどのように行為するかが、すべて正確に決定されていたのであれば、どのようにしてあなたは、違った仕方で行為することができるのだろうか。

因果的決定論は、私たち自身の行為を含め、生起するものすべては、そうなるようにすでに因果的に決定されているという主張である。生起するすべてのものは、より前の原因、つまり、その結果が必ず起こることを保証し、違う仕方でものが生じる機会を残さないような原因から生じる。そして、もし因果的決定論が真であれば、その場合、未来のどの時点においても、何が生起するかは、すでに過去によって完全に確立され、決定されている。そして当然、私たちは、因果的決定論が真であれば、私たちの自由は決定的に取り除かれると考えるようになる。私たちは次のように自然に想定する。どのように行為するかを私たちがコントロールできるのは、自分の行為が、私たちのコントロールの外にある要因、たとえば私たちが産まれた環境やもって産まれた遺伝子、そして私たちのコントロールを超えてやってくる欲求や感情によってあらかじめ因果的に決定されていないということに依存している。このような私たちの自然な想定は、自由が、私たちの行為の仕方について、コントロールできない要因によって因果的にあらかじめ決定されていることと両立しないと主張するので、両立不可能説と呼ばれる。私たちは、両立不可能説者であるのが自然なのである。

しかし、それだけではない。私たちは同時に、自由意志説者でもあるのが自然である。行為の自由についての自由意志説は、両立不可能説を、私たちが実際にどのように行為するかのコントロールをもっているというさらなる信念と結びつける。自由意志説者は、私たちが実際に自由であると信じる両立不可能説者なのである。私たちは、自身の行為が前もって決定されていることが、行為を遂行するか否かをコントロールできなくさせると考えるだろう。それでも私たちは、そのコントロールを実際に有しており、そしてどのように行為するかについて責任があり、過去の原因は、私たちにその行為を課しているのではないと考える傾向が強い。自由意志説、そしてまたそれと結びついた両立不可能説は、自由についての私たちの自然な理論なのである。

両立不可能説が真であるという直観――私たちの行為の自由は、行為があらかじめ決定されていないことに依存するという直観――は、とてもよくあるものである。哲学に不慣れな人の大部分には、それ以外のことは理解できない。彼らが生まれたとき、彼らのすべての行為はすでにあらかじめ決定され、確立されているという当の可能性を、哲学に不慣れな人は、自分の自由に対する非常に明らかで明確な脅威であるとみなす。はじめて哲学に触れる人は、けっして両立不可能説を諦めようとはしない。しかし両立不可能説は、私たちに深刻な問題を提示する。実際のところ、両立不可能説は、自由を不可能なものにしてしまう。多くの近代の哲学者たちは、このように考えているのである。

●決定論の脅威

第一の問題は明らかである。両立不可能説は、私たちの行為の自由に、ある重要な条件、すなわち、行為が私たちのコントロールできない状態によって因果的にあらかじめ決定されていないという条件をつける。しかし、私たちは実際に、この条件が満たされていることを知ることができるだろうか。私たちは普通、どのように行為するかということが、すでに過去の原因によって決定されているとは考えない。だが私たちは、どのようにしてそれを確信できるのか。結局、もしかすると、因果的決定論は本当に正しいのかもしれない。もしかすると、宇宙の中で生じるすべてのものは、先行する原因によって起こることが決定されているのかもしれない。その場合、私たちが生まれたときから、私たちのすべての行為は、すでに因果的に、あらかじめ決定されていることになるだろう。

因果的決定論への信念、つまり、世界は決定論的体系であるという信念は、古代の世界において、ストア派によって擁護された。因果的決定論の信念は、一七世紀以降の西洋の哲学者たちのあいだで再び一般的になった。それは、新しい形式の科学、とりわけニュートンの力学が発達したことで、宇宙の内部でのすべての物理的事物の運動を説明し、支配するように見える決定論的法則が私たちに与えられたためであった。両立不可能説は、私たちの行動が私たち次第であることや、それに依存する道徳的なものすべてを、あまりにもっともらしすぎる世界像、一八、一九世紀に主張された決定論的物理的体系としての世界像と対置させる。

その時代以降、因果的決定論の妥当性は衰退してきた。二〇世紀の物理学は、この普遍的な決定論を、ほとんど支持されない世界像にしてしまった。なぜなら、現代の量子力学のある種の解釈では、非常に小さいもののレベルでは、世界は非決定論的だからである。少なくとも、微小で、原子よりも小さい粒子の運動は、決定的な原因を欠いている。これらの微小な粒子の運動は、決定的ではないものとして、少なくともある程度は、偶然的ないしランダムなのである。

もちろん私たちの行為は、目に見えるくらい大きなレベル、マクロなレベルで起こるのであり、目に見えないくらい微小なレベル、ミクロなレベルで起こるのではない。そこで、そのことはなおも、決定論からの脅威を残しているのではないだろうか。おそらく私たちは、どの程度非決定論がそのようなマクロな出来事にあてはまるかどうかを、確実に知ることはない。何らかのミクロな非決定論があるとしても、ミクロなレベルで生じることの変化の大部分は、大きなレベルで生じることに何ら関係ないかもしれない。その場合、ミクロな非決定論は、私たちの恣意的な行為に必ずしも関係するわけではないかもしれない。ごく微小な粒子の位置についての微小な変化は、たとえば、私が恣意的に自分の手を挙げるか否かについて、何も関係がないかもしれない。マクロなレベルでの出来事は、なおも大部分が、あらかじめ決定されているかもしれない。私たちの行為の多く、もしくはすべては、私たちがコントロールできない原因によって、なおもあらかじめ確立されていることがありうる。その場合、私たちの行為が因果的に前もって決定されていることは、なおも深刻な可能性であり続ける。そして両立不可能説が真であれば、その事前の決定は、私たちの自由に対する真の脅威であり続けるのである。

しかし、私たちの行為が因果的にあらかじめ決定されていることは、本当にきわめて深刻な可能性なのだろうか。決定論が人間の行為のレベルであてはまることを、実際には誰も示してきていない。私たちの行為は、しばしば予測可能である。それでも、これらの予測は一般に、確実性を欠いている。私たちは、多くの人間の行為が従っている傾向性を見いだす。しかし、これらはたんなる傾向性であって、鉄のように堅固な法則のようには見えないし、個人的な行為は、なおもその規則性を破ることがある。人間の行為が広きにわたってあらかじめ決定されているという信念は、推測や推量——これまでのところ妥当なものでもなければ、立証されたものでもない——以上のものではないのである。

●偶然と理解不可能という脅威

自由については、より深刻な懸念がある。両立不可能説は、もし決定論が真であれば、私たちは自由ではありえないと言う。しかし、これからまさに見ていくように、決定論が真でなくとも、私たちは自由ではありえないように思われる。そしてこれはどのような見方でも、両立不可能説者であってもなくても、真でなければならないだろう。その場合、両立不可能説が真であっても、私たちはまったく自由ではないということになる。自由は不可能なのである。

両立不可能説の自由が要求するように、私たちの行為があらかじめ決定されていないとしよう。そのとき、どのように私たちが最終的に行為するかということは、単純な偶然の問題であるということになると思われる。なぜなら、次のたった二つの選択肢しかないからである。一方では、行為は因果的に決定されている。もう一方では、行為が因果的に決定されていない程度に応じて偶然に依存している。しかし偶然だけでは、自由を構成しない。偶然はそれ自体、たんなるランダムでしかない。そして、たんなる偶然の作用であるランダムが明らかにコントロールを排除するということは、明らかだろう。たとえば、もしも私たちがある過程でコントロールを行使するものとみなされるならば、その過程が、たんにランダムに展開されることはありえない。もしその過程がただのランダムであれば、それを私たちはコントロールできないことになるだろう。ランダムは少なくとも、決定論と同じくらい、自由に対する、つまり、どのように行為するかをコントロールすることに対する脅威である。もしも私たちの行為が偶然の生起でしかないのなら、どうして私たちの側でコントロールを行使することが、私たちの行為に含意されるのであろうか。

この懸念はより根深くなる。それは、決定されていない行為が、ランダム以上のものに見えないというばかりではない。もし、私たちが自分の行為とみなすものが決定論的でないのならば、それらは実際にはまったく行為ではありえず、たんなるでたらめな運動でしかないように思われる。

たとえば、私の手が挙がるとしよう。もし、私の手が挙がることが、たんなる出来事ではなく、真の行為、つまり、私が意図的に行ったり、私が自分の手を恣意的に挙げることである場合、何が真でなければならないだろうか。私が意図的に自分の手を挙げることがもっともらしくみなされるためには、私が手を挙げることの背後に、何か目的がなければならない。もし意図的に自分の手を挙げているなら、私はそれを、何らかの目標ないし目的のために行っているのでなければならない。ひょっとすると私は、たんにそれ自体を目的として、つまり、自分の手を挙げることを目的として、手を挙げているのかもしれない。もしくは、私は、さらなる何らかの目的を心に抱いているかもしれない。もしくは、私は、あなたに合図するために手を挙げているのかもしれない。しかし、それが真の行為、つまり、私による何らかの恣意的、意図的な行いであるとみなされるためには、私の行いのうちに、何らかの目的が必要となる。

行為を真の行為とするものは、行為が、何らかの目的や結果を達成するために、私たちによって恣意的に行われる何かとして理解できるということである。行為は常に、明瞭に目的をもつ何かでなければならない。行為は常に何らかの目標か何かに向けられていなければならず、それはその行為の目標が行為の先に存在しているか、行為がたんにそれ自体を目的として遂行されるかを問わない。では、行為が与えられた目標に向けられているということを真にするものは何だろうか。たとえば、私が自分の手を挙げるとき、私があなたに合図するためにそれを行っているということを真にするものは何だろうか。それは、きっと私が特定の欲求もしくは動機、当の目標に対する欲求やそれへの動機から、私が行為を遂行していることだろう。もし私が自分の手を挙げることが、あなたに合図することを目標としているなら、私の手を挙げさせているものは、あなたに合図を送るという私の欲求でなければならない。私たちの欲求によって引き起こされたのではない私たちの身体の運動は、私が望むか否かにかかわらず起こるが、目標に方向づけられた行為ではなく、痙攣《けいれん》や反射といった、たんなるでたらめな運動でしかない。

私たちの行為が決定されていない程度に応じて、その行為は、先行する私たちの欲求による影響を免れるし、またどのように私たちが行動したりものごとを行うかということは、あらかじめ私たちが欲したり望んだりすることに、いっそう依存しなくなるだろう。そしてそのことは、これらのいわゆる行為が、真の行為にではなく、むしろでたらめな運動や反射に近づくことを意味している。そして、でたらめな運動や反射が、どうして自由でありうるだろうか。でたらめな運動や反射が、どうしてコントロールの真なる行使でありうるだろうか。

もし両立不可能説が真であれば、私たちは自由ではありえない。なぜなら、次のうちのどちらかであるからだ。すなわち、私たちの行為は因果的にあらかじめ決定されており、その場合、両立不可能説が言うには、行為は過去の歴史によって私たちに課され、私たちはそれらを自由に遂行することはできない。もしくは、私たちの行為は決定されておらず、その場合、どの見方に立ってもそう思われるが、行為はでたらめで、ランダムな出来事にすぎず、いわゆる擬似的な行為でしかない。この場合、やはり私たちは行為を自由に遂行することはできないのである。

両立可能説と懐疑主義

自由意志説は、私たちの大半にとって、自由についての自然な理論である。しかしだからといって、自由意志説が真になるわけではない。なぜなら、今から見るように、自由意志説は二つ以上の問題に直面するからである。自由意志説が問題であるのは、自由意志説者が、因果的決定論が偽であり、私たちの行為があらかじめ因果的に決定されていないことを信じなければならないというだけではない。私たちが総力を挙げれば、因果的決定論が偽であるという信念が真であると判明することもあるだろう。それとは別に、自由意志説が直面するより深刻な問題がある。因果的決定論が実際に偽であったとしよう。自由意志説者は、自由な行為であるとみなす因果的に決定されていない出来事が、本当に、真なる自由な行為であることを説明しなければならない。つまり、その出来事が生じるかどうかはある程度偶然的であるにもかかわらず、自由意志説は、自由なものと思われている行為が、でたらめでランダムに起こる反射や痙攣といった運動と、どのように異なるのかを説明しなければならない。しかし自由意志説は、このきわめて重要な説明、つまり、両立不可能説的な自由が、たんなる偶然的運動と同じように因果的に決定されていないにもかかわらず、どのようにして真なる自由な行為に組み入れられるかについての説明を、いまだ与えてきていない。自由意志説は、どのようにして行為が、たんなるランダムやでたらめになることなく、過去の出来事によっても因果的に決定されずにいられるかを説明する必要がある。そして多くの哲学者たちは、そのような説明が与えられることを疑ってきた。

こうした理由から、私たちは自由意志説的な直観を自然にもつにもかかわらず、多くの、もしくは大半の近代の哲学者たちは、その代わりに両立可能説か、懐疑主義に傾倒するのである。

両立可能説は、私たちの行為が私たち次第であること、つまり、私たちが違うように行為できる自由は、私たちの行為が、自分がコントロールできない原因によってはじめからあらかじめ決定されていたということとまったく両立すると言う。自由と因果的決定論は完璧に整合的なのである。実際、すでに述べた理由から、両立可能説的な哲学者たちはさらに、自由が、私たちの行為があらかじめ因果的に決定されていることを積極的に要求すると主張してきた。たんなるランダムや不可解であることから逃れるためには、私たちの行為は、先行する自分の欲求によって、導かれ、決定されていなければならない。

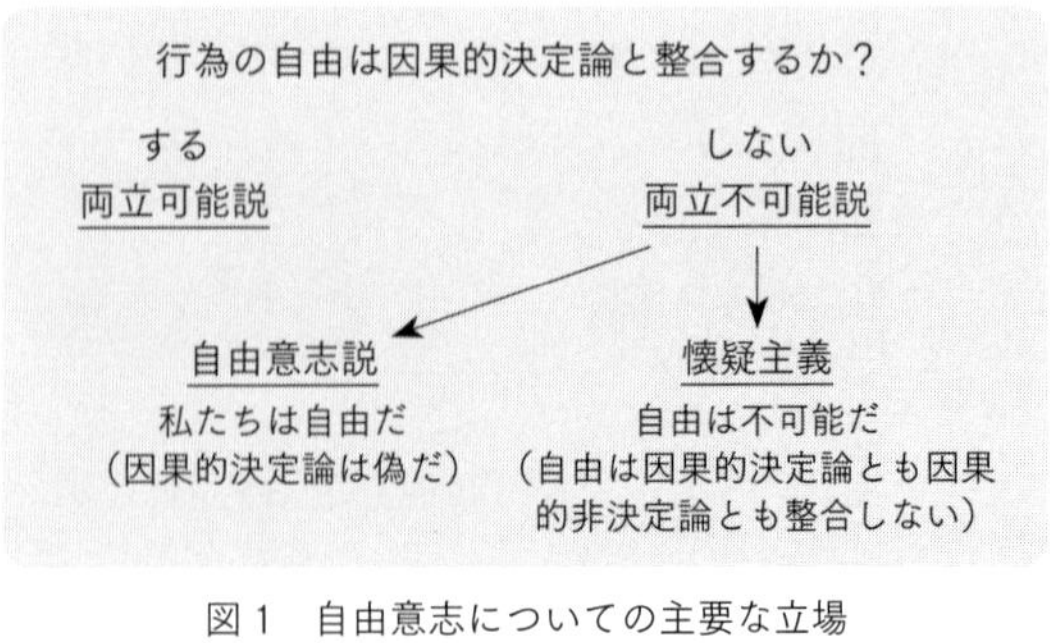

図1　自由意志についての主要な立場

そしてこの二百年間、両立可能説は英語圏の哲学者のあいだで強い支持を得てきた。二〇世紀の大半がそうであったように、両立可能説が、人間の自由についての明らかに支配的な哲学理論であった時代さえあった。二〇世紀における自由意志問題の議論の大半は、私たちの日常的な直観がいかに反対しようと、結局のところ、行為の自由は因果的決定論と整合することを示す試みに関わっている。

しかし、私たちの自然な直観が両立不可能説的であることは、変わらない事実である。もし私たちの行為が真に自由であるなら、どうして行為があらかじめ決定されていることが可能だろうか。そこで他の哲学者たちは両立可能説に抵抗し続け、自由は決定論と整合しないと主張した。しかしこれらの哲学者たちは、自由意志説者ではない。なぜなら、彼らは、自由が非決定論とも整合的ではないと言うからである。上に挙げた理由から、これらの哲学者たちは、決定されていない行為は実際に、でたらめでランダムな運動でしかないと考える。言い換えれば、多くの近代の哲学者たちは、両立不可能説を懐疑主義と結びつけるのである。彼らの主張によれば、自由は、決定論と非決定論の両方と整合的ではなく、それゆえ自由は不可能なのである。

自由意志の問題とその歴史

私たちは、私たちの自由、つまり、どの行為を遂行するかが私たち次第であることを自然に信じている。私たちはまた、その自由に両立不可能説的な条件を自然に課している。私たちが自由であるのなら、私たちの行為が、私たちが生まれるはるか前の出来事によって、あらかじめ因果的に決定されていたということはありえない。そこで、私たちの大半が自由意志説者であることは自然なのである。問題なのは、そのように考えられる自由が、行為の仕方を通じてどのように行使されうるかについて、整合的な望ましいモデルがないように見えるということである。人間の行為が何を含意し、その行為が人間の行為者のコントロールの内でどのようなものであるのかについて、自由意志説による妥当な説明はないように見える。もしそのような説明が提供されなければ、両立可能説のうちに避難場所を探すか、懐疑主義に陥るかの選択を迫られる。

以上が、現に存在している自由意志の問題である。それは何か哲学的な、明白な出口のない罠のように思われ、自由にとって好ましい解決などまるでないように見える。しかし自由は必ずしも、この種の解決不可能な問題を提起するものだとは見られなかった。現存する自由意志の問題は、とりわけ近代の問題であり、そしてその問題には歴史がある。哲学者たちが自由、行為、そして道徳性について考える仕方に生じた一連の重要な変化の結果、その問題は出現してきた。人間の自由をとくに理解しにくいものにし、とりわけ自由意志説を擁護できない教説のように見せてきたのは、こうした変化である。そしてこれらの変化は、中世以来、主にここ四百年の中で生じてきた。中世の哲学は、近代以降の哲学のようには、人間の自由を問題だとは考えなかったのである。

人間の自由についての中世の理論は、近代以降の哲学において見いだされるものとは非常に違ったものであるのは確かである。しかし私は、続く章で、これらの中世の理論をさらに吟味するつもりである。そしてその理由は、中世の理論が、私たちに多くを教えてくれるからである。もちろん、今日の私たちは、過去を振り返り、中世の哲学者たちと同じ仕方で考えることはできない。当時から起こってきた考え方の変化の多くは、抵抗しにくいものである。しかし、すべての知的変化が改善に向かうわけではないし、覆され、そして覆されるべき変化もある。もし近代以降の自由意志の問題を理解したければ、そしてそれによってもたらされる知的な罠を回避したければ、私たちはとくに、中世の伝統と、近代以降の哲学がどのようにその伝統を置き去りにしてきたかを理解する必要がある。

この本の残りで、私は、自由意志説の立場、両立可能説の立場、そして懐疑主義の立場に詳細に立ち入って、近代以降の自由意志問題がどのように生じてきたか、そしてこれまでのところその問題が解決されずにきた理由の詳細を説明するつもりである。ただ、それだけでなく、私はまた、自由という考えが、多くの人が考えているほど悪い境遇にあるわけではないことも説明するつもりである。

とりわけ私たちは、自分の自由意志説的な直観を放棄するための、説得的な理由をもたない。両立不可能説的な自由が、人間の行為においてどのように行使されるかについての整合的な説明は、実際に存在する。また確かに、私たちがそのような自由をもっているという自然な信念の内部には、混乱し、矛盾したものは何もない。少なくとも、どのように行為するかが、日常的に考えられている仕方で、実際に私たち次第であるということは、当然ありうることである。

そしてそのことは有益である。なぜなら、私は、結局のところ、自由が実際に道徳的に重要であると主張するつもりだからだ。私たちが行うことをコントロールできるという――私たちが遂行するその行為は、実際に私たち次第であるという――考えは、私たちの道徳的思考の中心にある。もし自由という考えが不整合であるなら、私たちの道徳性の重要な部分も不整合なのである。

＊1　ここでの「自由」の原語は、freedom と liberty の二語が用いられている。

第2章　自由意志としての自由

動物の不自由

ここまで、自由と決定論との関係を見てきたが、自由にとって重要であるにもかかわらずまだ論じていない別の側面がある。それは、自由と理性との関係である。理性がいったいどれほど重要なのかを理解するために、確かに行為を遂行するけれども、その際、私たち人間のようには行為をコントロールできない生き物について考える必要がある。こうした動物について考えてみよう。

私は、人間ではないすべての動物が自由をもっていないと主張しているわけではない。たとえば、チンパンジーやイルカが実際にどれほど知能をもっているかは、まさに議論の的となっており、ひょっとしたら彼らも自由な行為者であるということが明らかになるかもしれない。実を言えば、私はチンパンジーやイルカが自由であるために必要とされるいくつかの点に関して十分な知能をもっていないと思っている。しかし、この本はそうした問題を論じる場ではない。チンパンジーやイルカのような比較的高等な動物が実際にどれほどの能力をもっているかについて、私たちはまだ十分には知らないのである。とはいえ、私たちには遠く及ばない能力しかもっていないので、行為の自由をもっていないことが明らかな、もっと単純な動物がほかにもいる。

サメについて考えてみよう。サメは行為を遂行するように思われるし、その行為は少なくとも私たちの行為とよく似ている。たとえば、サメと人間の行為のどちらにも共通している特徴とは、目的性、つまり、結果や目標を追い求めることである。私たちは、たまたま目にしたパンを手に入れようと、スーパーの商品棚へと手を伸ばす。サメは、たまたま見つけた素早く泳ぐ小魚を捕らえようと引き返す。サメも人間も目的をもって行為しているのであり、どちらも欲するものを獲得しようとしているのである。

サメのこうした欲求や信念はいくぶん単純であるとしても、求めたり信じたりするような能力には目的が必要である。サメが魚を捕らえようと引き返す理由を説明するのに、「魚を食べる」というサメの望む目標があり、「魚が今そこにいる」という、ちょうどサメが知覚するかあるいは信じるようになった現状があるのだと想定すること以上にうまい方法はないだろう。魚の居場所についての信念は、獲物を求める欲求を引き起こし、その欲求はサメがあちこちふり返るように仕向ける。そのように、サメの動きが欲求によって影響されることこそ、サメが目的をもって行為しているということ(たとえば、サメが引き返すのは魚を捕らえるという目標へと方向づけられているということ)の正しさを示しているのである。

サメは欲求や信念をもつかもしれないし、私たちと同じように、目標に向かって行為を遂行するかもしれない。しかし、サメは私たちと同じように自分の行為をコントロールしているのだろうか。現実に行うのとは別の行為をする自由をサメは本当にもっているのだろうか。

サメにそのような自由などないと思うのは自然なことだ。でもそれはなぜだろう。もしサメが自由な行為者であることを私たちが否定するのが自然だと思えるなら、その理由は、サメの行為が因果的にあらかじめ決定されていると、私たちが信じているからではない。というのも、サメの生まれもった欲求や本能があらかじめその行為を決定するということを、私たちは確信できないからだ。少なくとも、サメの行為が因果的にあらかじめ決まっているということは問題ではない。たとえサメの動きがときとして決定されていないということを私たちが知ったとしても、それゆえにサメが自由であるに違いないなどとは結論づけないだろう。この場合、私たちは、サメがするであろう動きがときとしてただの偶然であるか、まったくのランダムであると単純に結論づけることになるだろう。ただランダムに動き回っていることは、すでに見たように、どう行為するかをコントロールすることと同じではない。

自由と実践理性

サメが自由な行為者でない理由としてもっともらしい説明を与えるには、サメの推論能力を、いやむしろ、サメにはその能力が明らかに欠けているということを考える必要がある。どう行為するかを本当にコントロールするには、合理的に行為する能力をもつということ、つまり、どう行為すべきかについての詳細な推論にもとづいて行為する能力をもたなければならない。しかし、サメには、そのようなどう行為すべきか推論する能力が欠けている。サメの行為を導くのは本能であって理性ではない。それゆえ、どの行為を実行するかは、サメに責任があるわけではない。

どう行為すべきか推論したりじっくり考えたりする能力の中には、単純なサメが獲物を求めたり、獲物のありかについて信じたりする以上のことが含まれている。第一に、その能力は学習する能力――予期せぬことに対応したり、馴れ親しんだ問題にも新しくより良い方法で対処したりするなどして、実践的な問題に柔軟に対応する能力――を含んでいる。だが、サメは目に見えて好奇心旺盛であり創意工夫に富んだ学習者というわけではない。サメは、知的な柔軟性をたいしてもっていない。

第二に、きっとこうした知的な柔軟性は、実践的な問題をそうと理解したうえでそれに対応する能力と関係があるはずだ。何をすべきかという問題に直面するとき、私たちはその問題を、行為の仕方に関わる実践的な問題として理解することができる。私たちは、実現可能ないくつもの行為のなかから選択できると思っている。だからこそ、どの行為を実行するのが最善なのかという問題に――これは議論することで正しい答えが見つかる可能性のある問題なのだが――自分が直面しているのだと考えることができるのである。

そのように実際私たちは、どう行為すべきかを推論できる。実際に私たちは、どの行為に一番行う価値があるか自分に問いかけることができるし、ああではなくこうすべきだということを正当化したり、その理由を探したりできるのである。こうした正当化は、実現可能な種々の目標――成し遂げる価値があり、適切な行為を実行することで成し遂げられる目標——から得られる。したがって、私たちは推論する者であるがゆえに、どの目標に一番行う価値があるか、そして、どの行為を実行すれば一番うまくそれを成し遂げられるかを考えることができるのである。ちょうどこのようにして、私たちは自分の行為を反省し、多少なりとも行う価値があると考えられると、言い換えれば、多少なりとも正当化されると、その行為を評価するのである。

私たちに合理的に考える能力をもたらしてくれるのは、こうした、特定の行為を実行するための正当化を理解し、どの行為に一番やる価値があるか悩んでいるときにその正当化に訴える能力である。サメに欠けているのはまさにこうした能力なのである。サメは明らかに、自分が実行する行為を支持したり批判したりするような正当化を考えはしない。

どう行為すべきかを推論できるのかどうか、反省することで実践的問題をそうと理解する能力があるのかどうかということが、なぜ自由にとって大事なのだろうか。その答えは簡単で、何かをコントロールしているというためには、少なくとも、よく考えたうえでその何かに指示や指図を与えることができなければならない。だからこそ、私たち自身の行為というのはとりわけ、自由な行為者である私たちがよく考えたうえで指示や指図を与えられるようなものに違いないのである。しかし、自分の行為を指示や指図が必要なものだとまったく考えることができなかったり、そうした指示などが何を意味するか少しも思い浮かべることができなかったりするなら、よく考えたうえでの指示など不可能であろう。自由な行為者は、多少なりとも正当化された行為の仕方があることを考えられなければならないし、これこれの行為ではなく、むしろあえてしかじかの行為をすることの価値を支持することが何を含意するか理解できなければならない。自由な行為者は、自分の行いについて――いかに行為すべきかについて――推論できなければならない。彼らには、哲学者が想定するように、実践的な推論能力が必要なのである。

自由と意志

私たちは行為を遂行する能力に加えて、どう行為するつもりかを決心し、そこに到達する能力ももっている。第一章で述べたように、私たちは、意志をもっているのである。そして、この意思決定能力、あるいは意志は、実践的な推論能力と明らかにつながりがある。この二つの能力は協働する。どう行為するのが最善かじっくり考えたり、その考えにもとづいて行為したりするといったことはすべて、真の意思決定者であるためにまさしく必要なことである。この意思決定の能力――決心する能力――は、実践的な問題をそれとして認識し反省する能力のあとに引き続いて働く。ということは、自由が実践的合理性にもとづいているのだから、自由はそれに引き続く意志にももとづいているということになる。サメは実践的な推論能力をもっていないという理由で自由ではないけれども、サメは意思決定能力もまた同じくもっておらず、自分の気もちを自分で固める作業に携われないということから考えても、私たちと違い、自由とは言えないのである。

要するに、私たち人間は推論能力をもつのだというまさにこの考えから、人間は意志をもつという考えが生じているのである。意志をもつということ、意思決定をすることができるということは、理性——目標を善いものあるいは達成する価値があるものとして理解する能力、そして目標達成のために適した手だてを与えるものかどうか行為を評価する能力——によって行為へと動機づけられるということである。

少なくとも、それが、哲学者による「意志」という言葉のかつての使われ方であった。たとえば、中世哲学において、今で言うところの意志にあたるvoluntasというラテン語の言葉は、意思決定の能力、つまり、理性によって行為へと動機づけられる能力を表すために用いられた。そのため、多くの中世の哲学者たちによって「意志」を表すために用いられたもう一つのラテン語は、合理的欲望(appetitus rationalis)、つまり推論込みの動機づけの能力を意味する言葉だったのである。したがって、意思決定者であるということは、合理的欲望——どう行為すべきかについての推論にもとづいてこれこれの行為ではなくしかじかの行為をするよう決めたり自分を動機づけたりする能力——をもっているということなのである。

第一章の中で、長い間、哲学者が行為の自由のことを自由意志と呼んできたことに触れた。まるで、行為の自由がすなわち意志の自由——自分の決心をコントロールすること——であるかのようであった。そのため、中世においては、多くの哲学者が行為の自由と意思決定の自由を同じものだと信じていたのである——ただしそれ以降はやや下火にはなったのだが。はたして、彼らは正しかったのだろうか。

確かに、日常的な考えは、自由と決心を同一視することに味方しているようだ。というのも、日常的な考えは、自由な行為者としての私たちが、自由な意思決定者でもなければならないということを示唆しているからである。自分の自然な直観だけに従って、意思決定と行為の過程の中で自由が生じるのはいったいどの時点からなのかを考えてみよう。たとえば、朝ちょうどあなたが起きたとき、午後に何をするか決めるとしよう。ただ家に居たり読書するのではなく、あなたは銀行へ出かけることにする。朝のこの時になされた決定に従って、実際あなたは午後に銀行へと出かける。こうした過程の中で、あなたは何をコントロールしたのだろうか。

午後に銀行へと実際に出かけることだけではなさそうである。朝の決定も等しくあなた次第であり、あなたのコントロール下にある。あなたが起きたとき、銀行へ出かけるか家に居るか決めることは、完全にあなた次第であり、あなたのコントロール下にある。どう行為するかを決定することも、その決定から生まれた行為も、直観的には同じくあなた次第であるように思われる。

それだけでなく、もしもあなたが自分の決心をコントロールしていなかったとすれば、行為をどのようにコントロールできたのか理解しがたいものとなってしまう。あなたの行為を指図し強制する意思決定が、感情のように、あなたにはまったくどうしようもなくもたらされ、ひたすらに受動的なものであると想像してみよう。そうすると、行為をあなたがコントロールできるという考えになおもこだわるのは難しい。もし銀行へ出かけるというあなたの決心が、感情のように、あなたの身に降りかかってきたものにすぎないとすれば、それを選ぶかどうかの決定権をあなたはもっていないことになり、この抑えられない感情こそが銀行へ出かけるかどうか決定することになってしまうのである。これでは銀行に出かけるかどうかをあなたがコントロールしているなどと、どうして言えるだろうか。

　最後に、次のような考えは、まさに自然なもので、私たちが普段そうと信じていることである。どう行為するかが本当に自分次第であるのは、どう行為するつもりかを自分で決めることができて、そうした決定を選び取るのも自分次第であるときだけである。確かに、私たちは普段こう考えているように思われる。

　私たちの日常的なものの見方からすれば、行為の自由はとりわけ意思決定の自由に依存しているように思われる。ところで、意思決定する能力、つまり私たちの意志とは、心的なあるいは心理的な能力である。するとこれは、行為の自由について普段私たちが抱いている概念が、心理学的な説明を与える概念とでも呼ぶべきものであることを意味している。言い換えれば、この日常的な概念のせいで、銀行へと歩いて行ったり、あるいはそうしなかったりするような身体的行為の自由さえ、銀行へ出向くかどうか決定するような厳密にア・プリオリ[*1]な心の自由に依存するということにされているのである。

　またほかにも、行為について私たちが普段抱いている概念に大きな影響を与える複雑な問題がある。これまで見てきたように、自由やコントロールというものは、行為においてあるいは行為を通して経験される。しかし、もし選択肢となっている行為のうちいずれかを遂行するに先立って、どれに決定するかあらかじめコントロールできるならば、決心もそれ自体が一つの行為であるに違いない。銀行へ出かけるかどうかという身体的行為を私がコントロールしているのとちょうど同じように、私が銀行へ出かけると決心するかどうかということもコントロールしているなら、行為をするという決心は、それ自体ある種の行為――自分でよく考えたうえでの行為――でなければならない。銀行へ出かけたり、家に居たりするといった選択肢となる身体的行為だけでなく、私たちが最初に遂行する別の行為が存在する。それは、銀行へ出かけたり家に居たりしようと決めるような意志の行為――身体的な行為を生み出すことになる決心という心理的な行為――のことである。

　この二つの種類の行為を区別するために、この本の残りの部分で私は自発的行為という重要な言葉を使おうと思う。自発的行為という言葉を、選択肢となっているような身体的行為という意味だけで使うつもりだ。自発的行為というのは、たとえば、銀行へ出かけることや家に居ることのように、先立つ欲求や決心にもとづいて私たちが遂行できたり実際に遂行したりする身体的行為のことである。それらの行為が自発的と呼ばれるのは、たんにそれらが望まれたり決心された行為であるから、言い換えれば、それらが、行為を遂行しようという voluntas――身体的行為に先立つ意志の働き――から生じることができ、また実際に生じたりするからなのである。

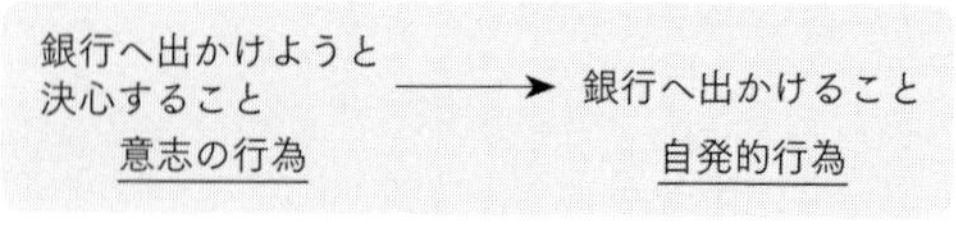

図2

　こうして、自発的行為つまり遂行することを自分が望んだり決心したりしてから行う身体的行為に加えて、そうした行為に先立つカテゴリーにまとめられる行為も存在するのである。このカテゴリーは、意志自体の行為、たとえば銀行に出かけようと決心することのように、いろんな自発的行為の実行を意思決定するという行為からなる。こうした決心つまり意志自体の行為と、それらが生み出し説明を与えるところの自発的行為との関係を理解する必要がある。

中世における自由意志の伝統

中世において、アクィナスやスコトゥスのような哲学者は実際のところ行為の自由を意志の自由と同じものだと考えていた。行為の自由は意思決定の自由――どう行為するかの決定や選択が自分次第だということ――にもとづいていた。そして、このように行為の自由が意志の自由にもとづいているということは、行為についての意志にもとづく理論というかなり独特な理論の用語で説明された。人間の行為とその自由は、中世の哲学者に、実践的な推論能力の行使を含むものと理解されていた。それはとりわけ意志の所有と行使にもとづいていた。意志の、つまりは理性によって動機づけられた能力の自由な行使は、じっくり考えられたうえで行われるあらゆる人間の行為の本質とされたのである。

遂行を望むことができ、ゆくゆくはそのなかから実際に行うものを選択できる行為、たとえば、手を挙げること、次の夏に何をするか考えること、銀行へ出かけることなどのように、そうしようと望んだり決意したりすることにもとづいて遂行できる行為のことを、私はこれまで自発的行為と呼んできた。そのため、行為についての意志にもとづく中世の理論が示すように、十分に考えられ、意図をもってなされた行為が常にそれに先立つ決心や選択という意志の行為から生じるのであれば、決心や選択という意志自体の行為があらゆる自発的行為に先立つというだけではとどまらない。むしろ、決意や選択といった最初の行為こそが、最初の直接的な形で私たちの行為を構成しているのである。自発的行為は、ただこうした意志による最初の行為の結果として生じるのである。

銀行に行くといった単純な自発的行為を例として取り上げてみよう。こうした行為を行うとき、中世の意志にもとづく理論によれば、私たちは次のようにしてそれを実行するという。まずはじめに、私たちは意志する、つまり銀行へ向かおうと決心し選択する。この手の決心や選択は本性上、十分に考えられた意図的な行為とみなされている。そして、決心はそれにふさわしい結果——私たちがまさに実行しようと決心し選択したこと——を生み出す。銀行に行きたいのなら、そのために必要な仕方で、自分の足を動かす。こうした結果はそれに先立つ決心から生じるので、私たちは銀行へ向かうことを考えぬかれた行為とみなすのである。銀行へ向かうというような考えぬかれた行為を遂行するということは、決心するというそれとはまた別の考えぬかれた行為にもとづきその結果をふまえて遂行するということだ。

意図的な行為あるいは考えぬかれた行為というものは行為をしようと決心することから始まる。決心は、自分自身の直接的で固有の行為と考えられている。このとき、私たちが自発的に行うことは、それに先立つ決心という行為の結果とみなされるときに限って、私たち自身の行為となる。正確に言えば、決心という意志の行為が遂行されてはじめて、行為全般は完全に遂行されるのである。

行為についてのこのような説明から、次のことが導かれる。すなわち、行為というのはただ意志が自由である程度に応じて自由だということだ。あらゆる行為は意志という行為を遂行したあとでまたそれを通して遂行されるので、行為のコントロールはすべて、とくに何を決心したり意志したりするかについてのコントロールとしてなされるのである。根本的に、行為の自由とは意志の自由だというわけである。

動物の行為はどうなのだろうか。中世の自由意志の伝統によれば、動物の行為は人間の行為とはまったく違うものである。理性をもたない存在である動物はそもそも意志を欠いていると思われていたので、動物の行為は不自由なのであった。そしてそのことは、あらゆる動物の行為が、先ほど見たサメの行為の変形版にすぎないということなのである。動物の運動は、感覚的な信念や知覚に導かれたのと同じように、ただ理性的でない欲求や情念によって生み出されたのである。いかなる適切な推論も、またきっといかなる意思決定も、したがってまたいかなる自由も、けっして含まれていなかったのである。

意思決定と意図

こうした中世における自由意志の伝統をもっと詳しく理解するために、決心についてより細かく見てみよう。決心は二つの重要な特徴をもっている。一つめの、またよりはっきりした特徴は、そうした決心によって、最終的にどの自発的行為を遂行することになるかが決まるということである。どう行為しようか決心することのポイントとは、結局のところ、自発的行為の段階で何をするか定めることにほかならない。

私たちは、自発的行為を決めるまさにそのときに、決心することもある。今あなたがその選択にもとづいて、それを基礎として私に提案をする。そして、その提案の受諾か拒絶を伝える私の決心は、私自身がただちに実行に移す。自分の決心に応じて、私はすぐさま受諾したり拒絶したりするのだ。

しかし、自分が決心したことを実行するずっと前に、私たちはほかの決心をいくつも行っている。冬には、夏の休みにどこへ行こうか決心する。こうした決心に従って、私たちは自分たちの行為の予定を効率的に立てるのである。この夏は休みにドイツよりむしろスペインへ行こうと今決めることで、スペインでの休みに向けて必要な準備に予算と時間をつぎ込めるようにしておくのである。スペインのホテルを予約し、スペインのガイドブックやスペイン語のフレーズ集、あとはスペインの地図を購入する。私は、自分が時間と予算を無駄遣いしていないこと、そして、自分の決心によって本当にスペインで休みを過ごせるのだということを間違いないと確信しながら、こうしたことを行うことができるのである。

私たちが前もって決心するのは、自発的行為を時系列にそって調整する必要があるからだ。現在の行為が将来の行為とうまく調和するか確かめる必要がある。たとえば、もし私たちが今スペインのガイドブックを買うのだとしたら、ドイツではなくスペインにこそ、私たちは将来行くつもりだときちんと確かめる必要がある。

事前に行う決心は、自分がするつもりの行為をどのように決めるのだろうか。その答えは、私たちに、そう行為しようと意図させたままにしておくことによってである。これはどのような決心にも共通している。スペインに行こうという実際の行動に先立った決心は、スペインに行こうと意図させておくのである。この意図を保つということは、スペインへ行こうと決心し動機づけられたままであること、つまり、決心された行為が実行に移されるまで継続する心のある状態を意味している。したがって、決心とは、意図、それも決められた自発的行為がいつか実行されるまでずっと消えずに残っているように意図を作ることなのである。

もちろん、将来何が起ころうとも決めたように行為するのだ、ということまで決心は保証すべきではない。決心がもとづいていた前提が間違っていたり重大な不備が発見されたなら、私は自分の決心を訂正したり放棄したりできなければならない。もしも夏の間スペインのホテル業界全体が大規模なストライキに巻き込まれることを突然に知ったなら、私はスペイン行きの決定を翻すことができるべきだろう。しかし、この手の、はじめからもっていれば別の決心へと私を導くような新しい情報の獲得に失敗したなら、事前に行われた決心は私をそのとおりに行為するよう促すのである。結局のところ、将来するつもりのことを今定めるということが、決心のポイントである。

決心の二つめの特徴は、たんに私たちが引き起こす自発的な結果——たとえば、実際にスペインへ行くかどうかのような結果——だけでなく、そうした結果を引き起こすときに私たちが目指す目標や目的も決めるということである。いやむしろ、決心は目標や目的のほうをこそ直接的に決めるのであって、そこから生じる自発的結果の決定は二次的なものなのである。

スペインに行くという私の決心の直接の結果——私が実際にスペインに行くようになる前でさえその決心がもっている結果——は、とくに一つの目標あるいは目的をもたせたままにしておくことである。そしてその目標とは、今や私が自分の目的としてもっている目標なのである。私が現在もっている目標は、自分が決めたとおりスペインへ行くことである。決心が意図を生むということ、たとえば、スペインへ行くと決心することはスペインへ行く意図を作り上げることだということはすでに述べた。この意図というのは、自分の目標として何がしかを心に抱いている状態を指す言葉である。スペインへ行くという決心は、スペインへ行くという意図を私にすぐさま与え、ついにはその意図どおりに私を行動させるのである。さらに言ってしまえば、実際にスペインへと行くには、スペインへ行くという目標や目的によって私が導かれる、つまり、スペインへ行くという意図を私がもつという段階を前もって必ず踏まなければならない。スペインへ行くというこの目標や意図は、決心を実行に移すときに行われるあらゆる自発的行為によって受け継がれ、共有されているのである。したがって、スペインへ行くという決心を実行に移そうとして、私がスペイン行きの航空券を買うならば、その航空券を買うという行為は、同じように、私がスペインに行くという目標によって導かれているのである。

こうして、行為の自由は意志の自由としてはじめに、かつ直接に行使されるのだという考えを私たちはより深く理解することができた。それは、私たちの自由と行為能力が、まずは意思決定のときに、つまり、目標や狙いの設定という自由な行為をするときにはじめて行使されるということである。最終的にいかなる自発的結果を私たちが生み出すのかという目標や狙いの設定というはじめの行為こそが、将来私たちの行う自発的行為を決めてしまうのである。

目標や目的の道徳としての道徳

もしも行為の自由の本質が意志の自由にあるならば、自発的行為のコントロールは、私たちがそれに向かって行為するところの目的のコントロールも含んでいることになるだろう。私たちは、他の人を実際に助けるかどうかコントロールするだけではない。それに先立って、私たちは他の人を助けることを目的にするかどうかも同じくコントロールするはずだ。その行為の一番の狙いが、他人の幸福であるか、自分自身の幸福であるかというのはこの際どうでもよい。このように、私たちが行為の結果だけでなく行為の目的や目標もコントロールしているという説は、きわめて重要な考えである。それは中世の道徳理論にとってきわめて重要な考えであったが、その理由の一つは、常識的な道徳にとってその考えはとても重要であった——そしていまだにそうだ——からである。

中世の道徳理論は、自分の行為に対する道徳責任という考えをとても真剣に受け止めていた。道徳は私たちに義務や責務を課すように思われていた。この義務や責務のために自由に行為する能力へと焦点が当てられたのであり、またこれらを心にもち続けないことで非難されたりそのことを釈明したりする必要が生じたのである。一般には、次のような同意がなされていた。どう行為するかを本当に私たちがコントロールしているからこそ、その自由を悪いことではなく善いことに使う責務を負わされているのだ、と。

中世の道徳哲学は、責務がもつ道徳性を、完全に人間の行為についての意志にもとづくモデルによって理解していた。その中では、私たちが直接自由を行使するのは意思決定つまり狙いや目標を設定するときだとされていたので、私たちに負わされるはじめの根本的な道徳的責務は、正しい狙いや目標を設定するというものであった。

中世哲学はキリスト教という枠組みの中で営まれた。したがって、こうした正しい狙いや目標とは一体どのようなものと理解されるべきか規定するのは、キリスト教だった。「たがいに愛し合いなさい」[*2]というのは、新約聖書における他人への責務一般を、キリストが総括した有名な言葉である。中世的伝統の中では、たがいを愛すべしという責務は、他人の幸福を自分の狙いや目的として設定する、つまり、他の人を助けその人たちに利益を与えるよう決心する責務を含意していると理解されていた。

これは現代英語圏の哲学における潮流とはかなり異なった道徳理論である。私たちの自由は意志の自由として行使されるという信念に中世の道徳理論はもとづいており、このあと見ていくように、現代の両立不可能説者にも、両立可能説者にも受け入れられないような見解なのである。

しかし、常識的な直観は中世の理論とあまり違わないということを思い出すべきだろう。私たちは、日常的に、意思決定つまり目標設定のことを、それ自体、自由な行為だと考えている。そして、日常生活において、責務には、現実の結果だけでなく目標や目的も含まれている。実際、私たちが第一に気にかけるのは、ほぼ間違いなく人々の目標と目的だろう。

たとえば、フレッドが、自己中心的かつ恩知らずなことに、母親の手伝いをしないとしよう。手伝いをするという自発的な正しい結果にフレッドがたどりつかなかったことから、私たちは、「君は手伝うべきだったんだ。お母さんを手伝わないなんて間違ってる」と彼を簡単に非難することができる。しかし、それと同じくらい、あんなにも自分の面倒を見てくれた母親のことをまったく気にも留めないという自己中心的で恩知らずなことを理由にして、彼のことを責めることもできる。「君は情のないろくでなしだ。君はしていないけれど、お母さんの面倒は見るべきだよ。君のために彼女がしてきたことを考えれば、自分のことだけ考えるなんて間違っている。そうまで自己中心的だなんて君は間違っているよ」などと言ってもかまわないだろう。二つめの事例では、どうしてフレッドがひどく非難されるべき人物であるかが深く掘り下げられている。すなわち、彼は手伝いをしないだけでなく、そのとき、感謝の気もちを欠いた自己中心的な気もちから、つまり、道徳的に言えばとんでもないことに母親へ関心をもたないまま行動している。生きていくうえでのフレッドの唯一の目的は、自分自身の利益である。彼は母親の利益を増やすことなどさらさら目指していない。だから私たちはフレッドを非難するのである。要するに、彼の利己心、つまり彼の唯一の最終目標・目的が自分の個人的な利益だという事実から、私たちはフレッドを非難するのである。

最終的にはフレッドが母親の手伝いをしたとしても、そのような自己中心さから私たちは非難を続けることができるということに注目してみよう。ついにフレッドが手伝いをしたとしよう。しかし、その手伝いは今までどおり自分の利益を増すためだけに——たとえば、自分への母親の愛情を絶対に断ち切らないように――行われたのかもしれない。もしこれが明らかにフレッドが手伝う本当の目的であるとしたら、最終的には母親を手伝ったとしても、「ろくでなしだ」ということで彼を非難し続けるだろう。というのも、私たちが彼を非難している根本的な理由である利己心がなくなっていないからである。フレッドがきわめて自己中心的であるということから、私たちはフレッドを根本的に非難しているのである。はじめフレッドが手伝わなかったというのもあくまでその利己心の現れにすぎない。

日常生活の中で、私たちは、間違った目標を設定したり正しい目標を設定しなかったりする人を非難する。利己的であったりたんに他人に無関心な人も非難する。かつて中世の哲学者たちがしたように、目標や目的の設定を自由の行使だと考えるなら、目標や目的に結びついた非難というものを難なく理解できる。もしも利己的な行為とは自分が自由に行為することであり、自分の行為が直接自分のコントロール下にあるということならば、言い換えれば、もしも利己的な行為とは他人の利益は抜きにして自分の利益だけを自由に意図することであるならば、フレッドは自分の利己的な行為に対して直接的な責任をもち、またその行為のために非難されるべきだろう。

自由意志の伝統と中世の形而上学

自由意志の中世的な伝統の中で、行為の自由は意志の自由と同一視されていた。そしてその理由というのは、すでに見たように、人間の行為とは何よりも選択能力や意思決定の行使だと考える特徴的なモデルをその伝統がもっていたからである。このモデルは中世の行為論を支配していたのだが、これはいくらか常識と似通ったところがある。少なくとも、どう行為すべきかを自分で決心し選択することができ、どの行為を行うか決心するのは自分次第であるというだけで、私たちもまた自分のことを自由な行為者だと考えているのである。

とはいえ、ほかの多くの点において、中世の行為論は今の私たちが信じている事柄の多くと一致しない。第一に、行為の端緒が完全に意志の中におかれていた。中世の理論にもとづくなら、私たちが直接行う唯一のことは、この行為ではなくあの行為を遂行しようという決心である。あとのことすべては、よく考えられ意図されたものであっても、はじめにした決心から出てきた結果でしかなく、間接的な行為でしかないのである。

だがここまでくると、もはや私たちが普段信じていることとは別物だろう。ひとたび私が(たとえば道を横切るといった)決心をしたとすれば、私の行為への直接的な関わりはそれで終わりというわけではない。というのも、最終的に私が決めたとおりに行為して実際に道を横切るとしても、その横切るという行為は、そうしようと前もって決めていたことによって無理やり強いられたことではないからである。実際に道を横切るとき、私は、じっくり考えたうえで行為することにまさしく再び携わっている。言い換えれば、あらかじめ決めていたことに加えてそれ以上のことをする働きかけの力をさらに上乗せして用いているのである。というのも、道を横切るかどうかについての私のコントロールは、事前にそして間接的に——つまり、横切ろうというあらかじめの決定とその結果を通じて——

行使されているだけでなく、私が横切るまさにそのときにも行使されているのである。これはつまり、自発的行為とは、完全に私の頭の中であらかじめ遂行された行為のたんなる結果以上のものであるということだ。自発的行為は、行為主体性——私が行為を遂行するときに直接コントロールしているもの——とさらなる直接的な関わりをもつ。これは常識的な考えのように思われる。それゆえに、自由や行為主体性の常識的な考えについていくらか信頼できる説明を維持しておくべきなのである。ともかくにも自由が保持されているのであれば、自由は意思決定や意図形成という行為の中で、あるいはそれらを通じて、行使できなければならないということはおそらく正しいだろう。しかし、自由はそれだけでは行使できない。自由は、自発的行為——決心によって意図された行為——でも同じように直接的に行使される。したがって、自発的行為は、それ自体の権利で真の独立した行為とみなされるべきである。自発的行為は、事前に行われた意志行為の意図された結果としてだけ生じるのではないのである。

　したがって、意思決定や意図形成の行為主体性——意志それ自体の行為主体性——を公正に扱いながらも、その一方で、私たちは自発的行為の行為主体性も取り扱う必要がある。なぜなら、私たちは意志主義と私が呼ぶような立場で立ち止まりたいとは思わないからである。この立場によると、行為主体性における、つまり私たち固有の行為における、私たちの本当の関わりは、完全に心的であり意志の中だけで生じ、自発的行為は、たんに意志の派生的な結果として生じるだけだからである。しかし、一般に中世の行為論は完全に意志主義的である。たいていの中世の哲学者にとって、考えぬかれた行為や意図的な行為との直接的な関わりは、完全に、これこれではなくしかじかの行為をするよう決心することにこそあった。

そしてこのことは、中世的な心理学理論の第二の特徴とつながっている。意志――すなわち、私たちの意思決定の能力――は、非物質的、非身体的なものと考えられていた。なぜなら、意志は理性に対応する能力であり、理性やそれに直接対応するような諸能力を物質に含めることができないと中世では一般に想定されていた。これには、意図的で、考えぬかれた行為をする能力、つまり、実践理性や行為の合理的基準に相当すると、本質的かつ必然的に思われていた能力が含まれていた。そのことは、意図的な行為との直接的な関わりもまた、身体器官とは別のところで生じる必要があったことを意味している。そのため、その関わりは、決心や意志という行為といった純粋に心的・心理的な行為の形をとらざるをえなかった。それ以外に私たちが意図して行うことはすべて、意志という行為の意図された結果であることを通して、派生的に意図的とみなされるにすぎなかったのだろう。そして、こうした最初の決心や意志という行為は実際のところ完全に非身体的である必要があったのだ。それらは、たとえば、脳内の出来事であってはならなかった。そうした決心などによって引き起こされた自発的行為は身体的に生じてもかまわなかった。それはちょうど、銀行へ行こうとして自分の足を動かすようなものである。しかし、自発的行為を生み出す最初の意志の行為は完全に精神的で、非物質的である必要があった。

意思決定の能力を身体的な行為から完全に切り離し、非物質的なものだと考える中世の信念を私たちが共有するのは難しい。今や私たちは、中世には利用できなかった脳に関する知識を手に入れている。ざっと挙げてみるだけでも、たとえば、私たちは脳がどのようにして考え推理する器官であるのか、どのようにして物質的に、また身体的に構成されているのか調べることができる。脳は膨大な数の電気的興奮や信号を伝えるきわめて複雑な神経ネットワークを備えており、その分布も変化する。神経ネットワークの配置は、思考や精神構造と相互に関係しているようである。したがって、現代の私たちはほかの心的能力と同じく、意思決定の能力をもなんとか脳に組み入れなければならないと考える傾向にある。

意思決定は非物質的だという信念のせいで、中世の哲学者たちが、自由意志の問題を私たちのように——つまり、行為は物理的世界の出来事であるという考えと自由をいかに調停し、自由と同じようなほかの出来事をいかに物理的因果性に従属させるかということが主な問題であると——捉えるのは難しかったのである。そのかわり、中世では一般に世界を宇宙的な階層構造として捉えていた。そこでは、精神あるいは非物質的なものは物質よりも上位におかれていた。そして、そのような位置づけのため、推理やじっくり考えた人間の行為のような非物質的なプロセスは、物理的あるいは物質的な原因から生じた結果であるとか、そうした原因によって決定されていると考えることはできなかったのである。

仮に間違いなく私たちの決心を引き起こすものがあるとすれば、それは神でしかありえないだろう。そして、主として神に関してこそ、中世の哲学者は現代の私たちが考える自由というものを問題に思うだろう。とりわけ、神のもつ三つの側面は、被造物の自由を脅かすものだと考えられていた。一つめは、神の全知。神は未来のことも含めありとあらゆる真実を知っている。二つめは、神の非受動性。これは、外的ないかなる原因からも神は影響を受けないという考えとして理解されている。三つめは、全能なる神の摂理。あらゆる出来事は、宇宙の全能な支配者たる神の意志によって生じるのだという考えである。

まず全知を取り上げてみよう。神はすべてを知っており、そこには将来私たちが行う行為もすべて含まれている。しかし、この神の予見は、異なった仕方で行為する自由とどのようにして両立できるのだろうか。もし私たちがAという行為をすると神がはじめから予期しており、神はいついかなるときも間違えないとすれば、どうやって私たちは今この場でAの代わりに自由にBを行えるのだろうか。今私たちは過去を変えられる立場にいるわけではない。私たちがAをすると神がはじめから予期していたにもかかわらず、実ははじめからBだと神は予期していたと私たちはそのつど歴史を改変できるわけでもないだろう。これに加えて、神の非受動性という考えとその問題点が事態をより深刻化させる。というのも、もしもあなたがAをすると神が予期し、実際にあなたがAをするつもりだとしたら、これは偶然の一致であるはずがない。神が予期することとあなたが実際にするつもりであることとのあいだには、何かつながりがあるに違いない。さもないと、神が行ったのは予知ではなくただのあてずっぽうであり、当たったのは運が良かったということになってしまうだろう。だが、そのつながりとは一体何であろうか。少なくとも、あなたがAをしようと思ったので、神がそれを意識するようになったなどというはずはない。このような仕方で神が知るはずはないのである。というのも、こうなるともはや神が非受動的ではなくなっているだろうからだ。自分とは異なるものから神が因果的に影響を受けたことになってしまっているだろう。そのつながりは逆でなければならないように思われる。つまり、神が創造主として世界に影響を与えるのであって、世界が神に影響を与えるのではない。あなたがAをするという神の予期はたまたま当たったあてずっぽうなどではない。なぜなら、それは実際にあなたがそうしたいと思うように神自身が決心したことにもとづいているからであり、あなたの決心は神の全能のおかげで間違いなく実行に移されるだろう。

こうして私たちは、全能なる神の摂理という考えから生じる自由の問題へと導かれるのである。もしもあらゆる出来事が、かく生じるべしという神の決心、神が間違いなく実行するであろう決心、未来について神がもっているあらゆる知識の根拠となる決心によって生じるのだとすれば(そして、人間の行為もその例外でないとすれば)、私たちはどうやって別の仕方で自由に行為できるのだろうか。もしも私たちがどう行為するつもりなのかその運命を神が間違いなくあらかじめ決心していたとすれば、どうして行為の意思決定の責任が私たちに負わされるのだろうか。

中世の自由意志の問題は、物理学よりもむしろ神学によって突き動かされていた。しかしそれは、現代の哲学に見られるような自由についての懐疑主義をはるかに不徹底にしたものでしかない。神とその性質は、人間の自由を信じるために乗り越えなければならない知的課題を提示するものと考えられていた。こうした知的課題は一般には「知的」課題にすぎないと思われていたけれども、それを乗り越えるために工夫に富むさまざまな理論が考案された。

とくに、全能である神の摂理を自由の脅威としてではなく、むしろ自由の源泉として捉えた中世の思想家もいた。神は自分の決定によって、あなたがそうするだろうと間違いなく確信する。しかし、これはあなたの自由にとってけっして脅威ではない。なぜなら、神はもともと自由な存在としてあなたをつくったからである。そして、創造主としての神があなたに与える影響というのは、自由というあなたの本質を脅かすのではなく、むしろその本質をあなたに気づかせることだ。したがって、Bよりむしろ A をあなたがしようと決めることで神は、A はあなたがしようと思っていることだということだけでなく、あなたは自分の本質と両立しながら A を行うだろうということ――このことは、あなたが自由に A をしようと思うことを意味しているのだけれど――を確証する。純粋に物理的で有限な原因があなたにもたらす因果的な影響について考えてみると、その影響は自由について神の場合とは大きく異なっているだろう。そうした物質的・物理的な因果的影響は、そういったものがもしもあるならば、実際にあなたの自由を脅かすだろう。しかし、中世には物理的原因が一般に意志という非物質的な行為を決定することができるとは思われていなかったのである。一方、そのような行為に対して神がもつ因果的影響力は、すでに述べたが、どのような場合でも自由に脅威をもたらしはしないのであって、むしろ逆のものをもたらしてくれると考えられていたのである。

以上より、中世の自由意志の問題は、多くの点で現代のものと大きく異なっている。中世の議論は、人間の心や宇宙における人間の立場についての、現代とは大きく異なった信念を反映したものであった。現代の自由意志の問題がどのようにして現れたのかを詳しく正確に理解するためには、一七世紀にまでさかのぼる必要があるだろう。なぜなら、この一七世紀に自由意志の問題は変質し、近代的な形の両立可能説が現れたからである。そのため、まずは両立可能説一般について見ておく必要があり、現代の自由意志の問題で見かける非常に特殊な形態の両立可能説は後回しにしなければならない。

＊1　もともとは、中世哲学で使われた「より先なるものから」という意味のラテン語 a priori であり、さらにはその起源をアリストテレスの『分析論後書』にまでさかのぼることができる。時代や文脈によってさまざまな意味をもつ言葉であるが、ここでは、銀行に行くかどうか決心する自由(意思決定の自由)が、銀行に行くという行為を実際にするかどうかの自由(行為の自由)より先にあるということを意味している。

＊2　「あなたがたに新しい掟を与える。たがいに愛し合いなさい。わたしがあなたがたを愛したように、あなたがたもたがいに愛し合いなさい」(『聖書　新共同訳』「ヨハネによる福音書」第一三章三四節)。

第3章　理　性

なぜ両立可能説なのか?

　ほとんどの人々は、自由が因果的決定論とは両立しないと本能的に考える。もしも、私たちが生まれたときに、そのあらゆる未来の行動がすでに決定されているならば、どうして、私たちは自由にそれ以外の行動をとることができるだろうか。両立可能説は、とても自然に信じられるようなものなどではなく、専門的な哲学者や哲学書や哲学の学習コースを通して、教えられなければならないものなのである。

　では、なぜそれほど多くの哲学者が、両立可能説が正しいことを信じ、人々に教えてまわるのだろうか。明らかな動機の一つは次のようなものだ。それは、因果的決定論が正しいと判明したとしても、その脅威から人間の自由を守ることだ。だが、これが唯一の動機なのではないし、最も重要な動機なのでもない。結局のところ、因果的決定論は正しくないことが判明するかもしれないからだ。確かに、現代の物理学は、世界が決定論的な体系ではないということを、もっともらしくしている。だからといって、自由の両立可能説的な理論が、哲学者たちのあいだで人気がなくなるということにはならなかった。たとえ私たちが因果的決定論が可能だとまじめに考えるとしても、ほかにも選択肢はある。どうして自由が因果的決定論と両立するのかを説明しようとする代わりに、自由というものが問題とはならないという仕方で説明しようとすることもできただろう。とくに、私たちは、道徳性や人間の道徳責任を、たとえ自由がなかったとしても理解しようとすることができたはずである。そして実際のところ、後で見るように、それは、まさしく何人かの哲学者がしようとしてきたことなのである。

哲学者たちは、因果的決定論の正しさに対する不安だけによって、両立可能説へと駆り立てられたわけではない。実際に、両立可能説の魅力は、より奥深いところにある。そしてその魅力は、二つの完全に別な——対立さえする——源泉をもっている。哲学者たちは、一般に、自由についてのまったく似ても似つかない二つの見方の一つを受け入れるからこそ、両立可能説を信じているのである。

両立可能説を信じることになる源泉の一つは、私が自由についての合理主義的概念と呼ぶものである。先ほどの章で、私たちは、自由と理性のあいだに重要な結びつきがあるように思えるということを理解した。自由な行為者は、理性能力と、理性にもとづいて行動する能力をもっていなければならない。自由な行為者は、どのように行為するかについて理性を働かせ、考えることができる行為者であり、その熟慮にもとづいてどのように行為するかについて決心できる行為者である。そしてこのことは、さらに自然に押し進められ、自由を理性能力の表明でしかないと見る考えに至ることになる。結果として、単純に自由と理性を同じものとして考えるようになる。この見方によれば、自由な行為者であることは、単純に、その人の行為について合理的であることである。そして、私が説明するように、自由と理性を同一視する、自由についての合理主義的な考えによって、私たちは両立可能説へと至るのである。両立可能説へのこの合理主義的な道のりは、とりわけ古代では重要だったが、中世においても重要であり、今日においてもそうである。

両立可能説を信じるようになる第二の、そして第一のものとは非常に異なる源泉がある。それは、一七世紀以降さらに重要になり、現代の自由意志の問題において中心的な地位を占めるものである。現代の両立可能説は、自然主義からも生じている。自然主義とは、人間は完全に、従来考えられていたよりも広い物質的な自然の一部であり、人間は動物のより複雑な形態でしかないという考えである。それで、人間の行為は、より低次の動物の行為に似ていて、それと連続的でなければならない。そして、人間の行為の自由は、より低次の動物が彼らの行為に対してもっている能力を含めて、自然の中に見いだされるほかの能力から種類としては異なっていない行為に対して行われる能力でなければならない。

両立可能説へのこれらの二つの道が根本的に異なっていることは明らかである。合理主義的両立可能説は、自由と理性との結びつきに訴える。そして理性とは、人間以外の自然から、そしてサメやネズミのような明らかに人間より知性的に劣っている動物から、人間を区別するものである。一方、自然主義的両立可能説は、理性に注目したり、人間をほかの動物から区別するような何かに注目したりしない。むしろその反対である。自然主義者は、人間に特異なものではなく、何らかの形でより広い自然に見いだされる能力や素質の一例として、人間の自由を形作ろうとする。後で簡単に論じるが、トマス・ホッブズの著作に見いだされるような極端な形態において、自然主義的両立可能説は、自由が合理性に対する何らかの能力を前提とすることをまったく否定するところまで進むことができるのである。つまり、自然主義は、自由を理性的ではない動物にまで拡大することさえ許容できるのである。だが、たとえそこまで行かないとしても、自然主義は、人間の自由が、人間本性とより広範な自然のあいだにある根本的に不連続なものに関係しているわけではないことを理解しようとし続けるだろう。自然主義的両立可能説を動機づけるものは、人間と人間以外の自然が根本的に連続したものだという考えなのである。この章では、両立可能説に至る合理主義的な道筋を見てみることにしよう。それから第四章で、それとは大きく異なる自然主義的な道筋を調べてみることにしよう。

合理主義的両立可能説

すでに見てきたように、自由は、私たちが実践的理性という能力をもっていることに依存しているようである。自分の行為を実際にコントロールできるということには、少なくとも、人が自分の行為に、考えた結果の導きと指図を与えられなければならない。そしてそのことは、そのような方向性が必要なものとしての行為の概念にもとづいて行為できることを意味している。もしも人が、どのように行為するかをコントロールできるならば、人は、自分の行為を、正当化が必要なものとして、そしてある環境よりも別の環境によって正当化される必要があるものとして考えることができなければならない。自由は、どのように行為するのが最善なのかを推論し、そのような推論にもとづいて決心し、行為できることを要求する。

それで自由は、熟慮と意思決定の能力と結びつけられるのである。その能力は、その機能が、私たちが合理的に行為することを保証する能力である。というのも、どのように行為するのかを考え、うまくいくように決心することに頭を悩ませる重要性は十分に明らかだからである。それは、私たちが正しい自発的な行為を行ったことを保証するからである。その行為は、そうでなければむしろ合理的に正当化されなかったであろう自発的行為なのである。

そうするとおそらく、実践的合理性の能力とともに生じる能力である自由というものは、合理性とまさに同じ能力である。自由な行為者であることは、合理的な行為者であることと同じである。その場合に、両者は同じものなので、私たちの自由と合理性は衝突しようがないだろう。

しかし、自由が私たちの理性の表現でしかないという考え――自由と理性は同じものだという考え――は、両立不可能説と完全に対立するものである。というのも、後で見るように、両立不可能説は、自由と理性が確実に衝突するということをその内容に含んでいるからである。もし両立不可能説が正しいならば、自由と理性は同じであるはずがない。

次のような事例を取り上げてみよう。それは、むかつくような匂いがするのだが、私が抱えている重大な病気をなおしてくれる一つの薬を飲む場合のような、ある状況のもとでなされるべき最も賢明な一つのことがある場合である。ほかの治療を選ぶとか、あるいはまったく治療をしないというようなほかの選択肢を選ぶことは、明らかにその薬を飲むことに比べれば賢明ではない。もしもそうならば、私が合理的であればあるほど、私が薬を飲まない機会は少なくなる。結局のところ、行為者の非合理性は、賢明なことを仕損ない、その代わりに愚かなことをしてしまう傾向以外の何ものでもない。私が合理的でなければないほど、このような傾向は増大し、それに対応して、私が合理的であればあるほど、そのような傾向は減少する。そして究極的には、私が完全に合理的であるときには、そのような傾向は完全になくなるだろう。もしも私が完全に合理的ならば、賢明なことを仕損なうような機会はなくなるだろう。

それで、もしも私が完全に合理的ならば、まず第一に、私は、薬を飲むことが正しいことだと理解しなければならない。そして次に、薬を飲むことが正しいことだと理解することが、私が薬を飲むことを保証しなければならない。この場合に、私が愚かな行為をする機会は生じないだろう。まさしく合理性によって、私が賢明なことをすることが決定されなければならない。

しかし、まさに私が合理的である事実が、私が薬を飲むことを保証するのならば、両立不可能説者の言い方を使うなら、どのようにして私は自由にそれ以外の行動ができるだろうか。私が完全に合理的だとしよう。そのとき、もし私の病気が治療する必要のあるもので、この薬を飲むことによってしかなおせないならば、私はすぐに薬を飲まなければならないことを理解するに違いない。私は必ず、

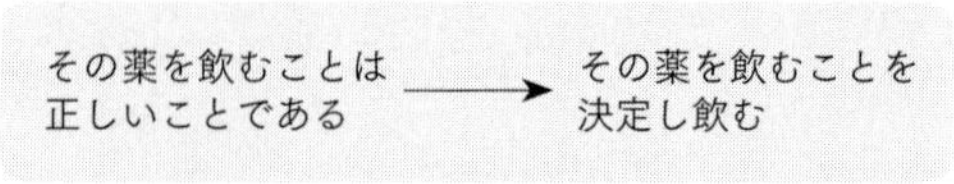

図３　自分がするべきことの理解にもとづく私の決心の因果的決定（私が完全に合理的ならば自分が正しいと認めることを仕損なうことはない）

薬を飲まなければならないことに気づかなければならないのである。私のおかれている状況は、私がしなければならないことについての私の信念を因果的に決定していなければならない。そして何をしなければならないかについての私の信念が、私がすると決心したものを因果的に決定しなければならず、私はその決心に従い、それを実行することを確実にする。私がしなければならないことに一度気づくならば、何であれほかのことをする機会があるはずがない。だが、私が決心し行動するときに、どうして私はほかのことを決心し、行為する自由があるのだろうか。両立不可能説者の言う自由は、私の決心と行為が前もって因果的に決定されていないことにもとづいている。しかし、完全に合理的であることは、人の決心と行為が前もって決定されていることを含んでいると考えることが正しいように思われる。

その場合に、もしも両立不可能説が正しいならば、私が合理的であればあるほど、私は自由ではないことになる――ますます私は自分の行為をコントロールできなくなる。もしも私が完全に合理的ならば、私は、自分がすることのコントロールをほぼ完全に失うことになってしまう。というのも、ある行為がするべきことであると理解するときはいつでも、私はそのことに自由ではないことになる――その行為が正しいという私の信念は、その行為を私に押しつけてきて、私がそれをすることを確実にするはずだ。私が自分の行為をコントロールできるときは、ある意味で、そのコントロールがそれほど問題にならない場合だろう。それは、多くの選択肢が等しく賢明であり、その結果、とくにどの選択肢に私が従うかということが、その理由の点から問題ではないということを私が認識する場合だろう。

　そのとき、実質的に両立不可能説者の言う自由を所有することは、まるで、私がある程度不合理であることに依存しているように見える。ある個別の行為がなすべき正しいものであるということを私が理解しているときでさえ、もしも私が両立不可能説的な自由を所有しているならば、私はそれにもかかわらずいっそう分別のないことをするかもしれないという何らかの偶然性がなければならない。だが、そのとき、両立不可能説の自由は、理性を表明したものだとは言えるようなものではない。両立不可能説の自由は、しばしば理性とうまくいかないことがあるのである。

　多くの哲学者たちは、自由は理性と対立することはないと考えてきた。そして、自由と理性が対立しないと確信することによって、彼らは両立不可能説を拒否してきたのであり、両立可能説の合理主義的形態を採用してきたのである。その理由を理解するのは容易である。非合理性へと向かうことが弱さであることは間違いない。しかし、両立不可能説は、まさしくこの弱さに向かって自由を所有しようとしているのではないだろうか。そしてこのことは、自由を一種の弱さに変えてしまうのではないだろうか。合理主義的両立可能説者は、適切に理解するならば、自由――つまり、私たちが行う行為を真実にコントロールすること――は、弱さではなく強さであると主張する。自由とは、正真正銘、能力――合理性とともに私たちがもつ能力――なのである。だから、自由は非合理性にもとづいた弱さではありえない。合理的に行為する能力こそが、私たちに自由を与えてくれるものである。しかしもしそうならば、完全な合理性は、つまりその最大限効果的で完全な形態における能力は、この自由を取り除くものではありえない。

現代でも、自由についての合理主義の何らかの形態を探ることに関心をもち続けている哲学者はいる。たとえば、『理性の中の自由』という著作の中で、アメリカの哲学者スーザン・ウルフは、彼女が理性的観点と呼ぶものを探求している。それは、自由意志と責任は、「理性と調和しつつ行為する能力」にあるとする見方である。その結果、自由で責任ある存在者であるということは、「真理や神と調和しつつ行為する能力」をもつということになる。*1 自由についての合理主義は、多くのキリスト教の思想家にとって、深く心惹かれるものであることも明らかになった。というのも、理性と自由は、歴史的には完全性の形態として考えられてきたからである。だからとくに神は、完全な存在者として、完全に合理的で自由でなければならない。神が賢明で正しいことをいつもするということは、はじめから確実で必然的なことなのである。そして神は、完全に自由でありながら、自らが行うあらゆることについてコントロールしていなければならない。もちろん私たちは神のような存在者ではない。私たちの場合には、間違ったり、愚かな行為をする可能性がいつもある。しかし、私たちが愚かな行為をする可能性は、私たちが不完全で、弱いことの反映である。完全になること、神のように善であり合理的になること、そして神と同じように善く行為するようになること、このことは、天国における私たちの運命だろう。そして多くのキリスト教の思想家にとって、この運命は弱さからの解放であり、私たちの自由の終わりなどではなく、最も完全な形態における自由なのである。もしもそうならば、私たちが享受する自由は、行為が因果的に前もって決定されていることと両立できないどころか、整合的でなければならない。というのも、天国においては、私たちがどのように行為するかは、前もって——私たちの合理性によって——決定されているように思えるからである。

自由と理性は同じなのか?

私たちは、自由と理性を同じものだと考えるべきだろうか。もしもそうならば、私たちは、確かに両立可能説者になるだろう。というのも、あらゆる実質的な両立不可能説は、私たちがすでに見たように、私たちがどのように行動するべきかについて、それをまだ偶然性にゆだねる私たちの信念に依存しているからである——私たちがするべきでないものを不合理にもするかもしれない何らかの偶然性がまだあるということに依存しているのである。そして、その偶然性は、つまり、愚かな行動をしてしまう傾向は、明らかに理性と衝突するのである。

自由と理性を同一視することは間違っているはずである。自由と理性は、同じものではありえない。一つには、決心と行為は、私たちの生活の中で、私たちが合理性の能力を発揮する唯一の場所ではないからである。私たちはまた、信念や欲求を形成するときにも合理性の能力を用い、それは、私たちの決心や行為が合理的であったり、合理的でなかったりするのとまさしく同じように、合理的であったり合理的でなかったりするのだ。だが信念の場合には、私たちは、合理性の行使を自由の行使だとは一般的には考えない。というのも、私たちは、どの行為を遂行するかをコントロールするようには、どの信念を作るかをコントロールしないのが一般的だからである。

私が書斎に座り、テーブルや本や椅子に囲まれているということを信じるとき、そして私の書斎の外に、そして私が現在見聞きしているものを遥かに超えて、何百万もの人々が住んでいる都市があるということを信じるとき、こういったことは、合理性の能力の完全で十分な行使である。私のこれらの信念は、私の現在の経験と私が過去について思い出すものの両方に対する、完全に合理的な私の反応である。しかし、私がこれらの信念を作るかどうかをコントロールできないのは確かである。私の部屋に椅子があることや外に多くの人々がいるということを私が信じるかどうかは、私次第というわけにはいかない。私自身の理性能力は、こういった信念を私に押しつけるのである。私の理性能力は、これらの信念を明らかに真なものとして、私に押しつけてくる。そうして、それ以外のことを考えることは、単純に私にはコントロールできない。信念の場合には、自由が理性と同じであるどころか、自由は――私が現実に信じるもの以外のことを信じる自由は――理性が妨げるものなのである。

このことは、私たちは、自由と理性を同一視できないことを示している。自由が行為と関係しているときの特別な場合の理性とさえ同一視できない。というのも、もしも理性が信念が関係しているところで自由を妨げるものならば、行為が関わるところで、どうして理性が自由と同じでありえるだろうか。

理論理性すなわち信念を作るときに行使される理性と、実践理性すなわち行為において行使される理性とのあいだには根本的な違いがあると主張されることもある。理論理性は、いつも、ある問題の中で私たちが何を信じるべきかを確実なものにする。部屋に椅子が四脚あるというような、何か事実についての主張を取り上げてみよう。そのとき、証拠がその主張の正しさを示す――その場合には、理性がそれを信じるように私たちに要求する――か、あるいは証拠がその主張が誤りだと示す――その場合には、私たちはそれを信じるべきではないだろう――かのいずれかである。そして最後に、もしも証拠が明確なものではない場合にも、理性は私たちがどう考えるべきかを完全にはっきりとさせるだろう。つまり、理性は、私たちが疑っているままであることを要求するのである。

一方、実践の場合には、証拠は、多くのほかの選択肢となる行為も等しくよいものであることを示すことがある。あるいは、少なくとも、どの行為がどの行為よりもよいのかはっきりとさせない場合がある。そのとき、理性は、どの行為を私たちが選ぶべきかを決定させないままにしておくだろう。どのような問題においても、どのようなときにも、信じる・信じない・疑うというような理論的な選択肢のなかのどれか一つだけが合理的なのかもしれないが、多くの行為についての選択肢は、どれも同じように合理的であることもしばしばあるのだ。

しかしこのことは、実践的な場合にどのようにして理性が自由に達するのかを説明するには十分ではない。その理由は十分に明らかである。行為に自由があるという私たちの信念は、実践理性が選択肢を無差別なままにしておく場合に制限されない。自由は、実践理性が理論理性と同じぐらい限定的で確定的である場合にさえあると考えられる。すべての証拠が、ある特定の行為が最も遂行するに値する行為だと明確に示している場合においてさえ、そして私たちがこのことを完全にはっきりと理解できている場合でさえ、私たちは、ほかの行為をする自由があるものとして自分自身を考えることができる。理性は、私たちがある薬を飲むべきだということを、私たちに明らかなものとして示すことができるが、それは、私たちが部屋の外にある街全体の存在を信じるべきだということを明らかなものとして示すことができるのと同じである。しかし、理性は私たちに分別ある信念を課す一方、分別ある行為を課すわけではない。理性は、まだ、私たちにほかの行為をする自由を残してくれており、そして私自身の理性に反して――それは不幸なことだが――、私たちはそうすることがあるのだ。私たちは、まずい薬が最善の選択であり、そうすることが正しいと確信していても、それでもそれを飲まない自由を行使するかもしれない。私たちは、その薬がとてもまずいと予想するので、その嫌な選択肢を避けるほうを選ぶかもしれない。それは、その嫌な選択肢が最善だと強く確信しているときでさえそうなのである。私たちは、私たちが何を信じるかをコントロールしないが、どのように行為するかはコントロールするのである。そして、そのことは、理性が、どの行為を私たちが遂行するべきかを明確に指示している場合もそうなのだ。

自由と非合理主義

合理主義者は、自由と理性を同一視したがる。あるいはとにかく、自由を実践理性――自由が行為と関わる理性――と同一視したがる。しかし、自由と理性の関係は、実際にははるかに緩やかなものかもしれない。自由と理性は同じではないかもしれない。自由は、私たちが合理性の能力を超えたところに所有する特別な能力、つまり、私たちが自分の行為のためだけに所有しているコントロールの能力かもしれないのである。その場合、行為の自由はある程度の合理性を必要としているかもしれないが——思慮や決心を通じて私たちの自発的行為を賢明に指図する能力を必要としているかもしれないが——、自由と合理性にはそれ以上の結びつきがないかもしれない。その場合には、自由と理性は、結局のところ、緊張関係にあることがわかる。自由と理性が対立することは完全にありうる。

ここに問題のもう一つの見方がある、合理性の能力をもつことに自由は依存していると、先ほど私は言った。もしそうならば、自由は、私たちが非合理性の能力をもつことにも同じように依存していることになる。このことはきわめて逆説的に思える。だが、実際には、自由が非合理性の能力に(合理性の能力と)同じく依存している理由を説明することはそれほど難しいことではない。手がかりとなるのは次のような点である。本当の非合理性、実際の愚かさなどは、合理性に対する本物の能力をもっている存在者にとってのみ可能なのである。サメのような、理性を明らかに欠いている動物を取り上げてみよう。すでに見てきたように、サメは、どのように行動するべきかを推論できないし、また、どの行動の仕方が別の行動の仕方よりも分別のあるものなのかについて理解することができない。そして、このことは、サメが賢明な選択をする、あるいは分別のある行動をするとは言えないことを意味しているのは確かである。一方、そのことは、サメが愚かな選択をすることができない、あるいは愚かな行為をすることができないということを意味しているのと同じである。愚かであるとか馬鹿げているということは、理性を完全に欠いているということではない。それは、人が愚かであるにもかかわらず、現実に所有している理性の能力を用いることを無視し、適切に使えないということなのである。サメは、非合理な存在者でも馬鹿げた存在者でもない。サメは、合理性をもたない存在者なのである。つまり、理性を用いることも間違って用いることもできないような、合理性や非合理性のいかなる形態ももたない動物なのである。

私たちを合理的にする思慮や意思決定の能力は、同時に、私たちを非合理にする能力でもあるのだ。そしておそらくこれらの能力によって、合理的になったりならなかったりするため、私たちは自由だと言える。そして確かに、自由とはしばしば、非合理的なことができるからこそ可能なのである。それは、まさしく、私たちが選択に直面し、その選択肢の一つが分別があるものであり、合理的である場合においてそうなのだ。というのも、自由とは、まさしくその本性によって、別の行動をとるための自由なのである。自由はいつも、私たちが選べる行為として一つの選択肢以上のものを含んでいる。そしてそのことは、一つの選択肢のみが分別のあるものであるすべての場合に、もしも私たちが分別があることだけではなく愚かなことも自由にできなければ、私たちは自由ではありえないことを意味している。

自由と理性を同一視することは、実際のところ、自由の本性を否定することである。というのも多くの状況で、理性に従うこと、つまり分別あることは、私たちにただ一つの選択肢しか残さないからである。あらゆる選択肢は排除されてしまうのである。しかし、自由は、まさにその本性によって、いくつかの選択肢が有効であることを含んでいる。自由であるということは、どの行動を私たちが選ぶのかが私たち次第だということなのだ。そして、自由は、その選択肢が愚かであろうと分別のあるものであろうと、二つ以上の行為が私たちにとって有効であることなのだ。だから、合理主義的両立可能説者は、しばしば、自分たちが「自由」と呼ぶものをほかの行為ができる自由という考えから引き離そうとしてきた。自由の最も完全な形態において自由である神の自由は、最も完全な仕方――現実に神が行為する仕方――以外の仕方で、神が自由に行為するということなしに存在するものとして、合理主義者に想定された。しかし、自由をほかのことをする自由から引き離すことは、実際には、主題を変えてしまうことである。それは、自由という考えを放棄することであり、それを、理性や合理性というまったく別の考えで置き換えてしまうことである。そして、その二つの考えはまったく同じ考えというわけではない。合理的であることは、ほかの仕方で行為する能力をもつこととは限らない。実際に、ある人の合理性は、ある場合には、別の仕方で行為する能力を完全に排除してしまうからである。その場合には、ある人は、あまりにも分別がありすぎて、愚かなことをすることがまったくできないのかもしれない。しかし、自由であるということは、いつもほかの仕方で行動する能力――自由――をもつということだ。これこそが自由がどのようなものであるのかということ――私たちがどの行為をするかが私たち次第であり、その結果、ある仕方や別の仕方で行為するかどうかが、私たち次第であること――なのだ。

＊1　Susan Wolf, *Freedom within Reason* (Oxford University Press, 1990), pp. 68, 73.

第4章　自　然

トマス・ホッブズ

一七世紀の哲学者であるトマス・ホッブズは、人間の行為の理論における知的革命のさきがけとなった。この新しい理論は、行為についての見方だけでなく、自由意志の問題全体を変えた。ホッブズの著作は、自由、さらには道徳についての私たちの考えを変えてしまったのである。

この革命では、行為と意志のあいだの関係が中心的な主題となっていた。ホッブズは、この関係が理解される仕方を変えたのである。すでに説明したように、伝統的な見方は、人間の意志、人間の意思決定能力を、まさに特別な能力であると考えた。その能力とは、合理的な、もしくは理性が関わる能力であり、ほかの下等動物に完全に欠けているような能力である。そして、伝統的な見方では、人間の行為は、この意志の能力のうちに位置づけられた。つまり、人間の行為は、私たちが意思決定の能力を行使するとき、そして行使することを通じて起こると考えられてきたのである。

ホッブズは、人間の行為についてのまったく新しい理論を考え出した。この理論は、意志を重視しない。意志は、もはや理性的な人間を、理性をもたない動物から区別する特別な能力ではなく、それより低い種類の能力となったのである。もはや意志は、基本的な欲求能力、人間と動物が完璧に共有できるような、欲望や願望のための能力でしかありえなくなった。そしてホッブズは、人間と動物を一緒くたにして、すべての行為を、特別な能力と理解された意志の枠外に位置づけた。もはや行為は、意志そのものの行使として生じるのではなく、代わりに意志の行使に後続する結果として生じるのである。そしてホッブズ以降、ほとんどすべての哲学者は、彼の理論の影響を受けた。

ホッブズにとって、人間は、物質的な自然の一部でしかない。もはや世界は、運動する物体の集合でしかなく、この世界では、生じるすべての運動は、先行する運動によって生じることが因果的に決定されている。それゆえ、ホッブズ哲学における宇宙は、物質的で決定論的な体系なのである。人間は、高度に複雑な種類の物体ではあるが、この宇宙の体系の内部にある物体でしかない。それでも、ホッブズは、人間の自由は存在すると主張した。自由は、唯物論や決定論によって排除されるどころか、自由とは、唯物論や決定論の観点で完全に説明できるものなのである。

ホッブズの理論の核心は、人間は、動物と同じものではあるが、より複雑であるという点で、ほかの動物と異なるだけだということである。私たちと動物のあいだの知性、能力の違いは、程度の違いでしかなく、種類の違いではないのである。ホッブズは、私たちが他の動物のうちに見られるような能力と根本的に異なる心理的能力をもっていることを否定した。

人間本性についてのこの新しい考えは、意志にもとづく行為理論をもつ中世哲学とは大きく異なる。

なぜなら、それはもちろん、人間に固有の特別な能力に、伝統的な意志にもとづく行為理論はつねに携わってきたからである。意志にもとづく理論では、人間の行為は、動物の行為とは大きく異なる種類の現象として起こると考えられている。そしてそれは、人間の行為が、人間のみがもつ、自由な意思決定の特別な能力をともなうからである。

伝統的な見方がどのようなものであったかを再度考えてみよう。この見方によれば、人間は、動物のなかで唯一、理性を行使することができる。そこで、私たち人間だけが、何をするべきか考え、決断することができる。そして、その本来の形式において私たちの行為だと言えるのは、あれではなくこれをするという決断、たとえば、私たちの手を下げるのではなく、挙げるという私たちの決心なのである。つまり、私たちが行う残りの部分は、意思決定というこのような行為を通して、間接的になされるだけである。私たちが行う残りの部分、たとえば手を挙げるか下げるか、といった行為は、私たちの決心を遂行する、それをしようと決心した自発的な行為であり、決心ないしは意志という先行した行為の結果として起こることでしかない。私が自由に手を挙げると考える理由は、手を挙げようと私のほうで自由に下した決心が、私に手を挙げさせたからである。すべての行為は、意志の行使として生じるため、私たちの行為の自由は、同じように意志の自由の形式をとる必要がある。私たちの自由は、つねに自由な意思決定を通して行使されるのである。

手を挙げようと決心すること	→	手を挙げる
意志の行為		自発的行為
（行為の本来の形式）		（行為の派生的な形式）

図４　人間の行為（意志にもとづく理解による）

伝統的な見方においては、動物は人間とかなり異なる。動物は、理性、ないしは合理性の能力をまったく欠いている。動物は、自由な自己決定により決断を下すのではなく、受動的な欲求、欲望によってつき動かされている。だから動物の行為は、人間にとって行為の派生的な形式でしかないものに制限される。動物の行為は、私が自発的な行為と呼んだもののカテゴリーに制限されるのである。動物の行為は、手や足を挙げるといった行為に制限されているが、人間は、このような行為を行うことを自由に決心することによってこれを行うのに対し、動物は、このような行為を行うという粗野な欲求によってつき動かされて行う。動物の行為は、動物の欲求や願望が、彼らをつき動かす運動でしかない。動物の行為は、動物の欲望や欲求が、その四肢に運動を引き起こすようなものでしかない。それゆえ、伝統的な見方によれば、理性をもたない動物は、行為の自由をまったくもっていないのである。動物はどの行為を行うかコントロールするというのではなく、本能によってつき動かされているのである。

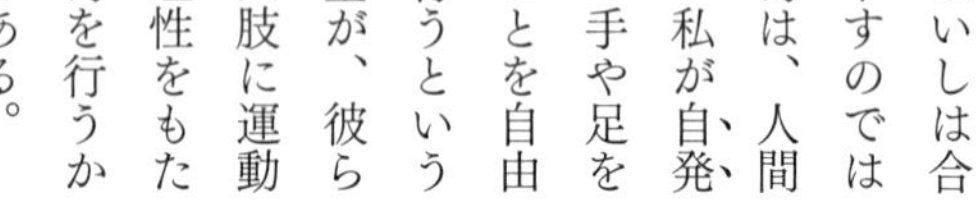

図５　動物の行為

ホッブズが行ったのは本質的に、動物の行為についての伝統的な理論を保持しながら、それを人間の行為にも同じように拡張したことだった。ホッブズにとって、人間の行為は、たんにより複雑な形式をした動物の行為でしかない。人間であれ動物であれ、すべての行為は、まさに同じ形式で生じる。つまり、すべての行為は、自発的な行為として、そして受動的な欲求や動機のたんなる結果として生じる。人間の場合の唯一の違いは、私たちがもつ優れた知性のおかげで、私たちの行為を引き起こす欲望の内容が、より多様で、洗練されたものだということである。

ホッブズの第一の関心、そして彼の最も基本的な関心は、人間ともっと下等な動物の行為の違いを小さくするというものだった。ホッブズは、人間の行為が、動物の行為と完全に連続的なものであることを確立しようとした。人間によって行われた行為と、サメによって行われた行為のあいだにも、違いはないのである。サメの行為は、非常に単純な自発性にしか到達しないように見える。サメの行為は、サメが、あることをしようという欲求によって、それをするようにさせられるものである。サメが獲物を追いかけるということは、サメが、追いかけて食べようという欲求によって、追いかけたり食べたりするようにさせられるということを意味する。もしも人間の行為がこれと同じ種類の現象であるならば、同じように人間の行為は、願望や欲求の結果、必ず生じるものでしかないことになる。

それでもホッブズは、ある種の意志概念、もしくは意思決定、意図形成という概念を認めると言う。ただ、実際には、そのような概念の余地が十分に残されているかは明白ではない。ホッブズが、私たちが普段理解しているような決心の存在を本当に信じているかどうかは、明らかではないのである。ホッブズにとって、決心や意図は、欲求の諸形態でしかない。何をするか決心したり、意図を形成したりすることは、それをしたいという非常に強い欲求に打ち負かされたということでしかない。その欲求は非常に強く、違う仕方での行為を生み出す対立的な動機を踏み越えて、欲求のまま

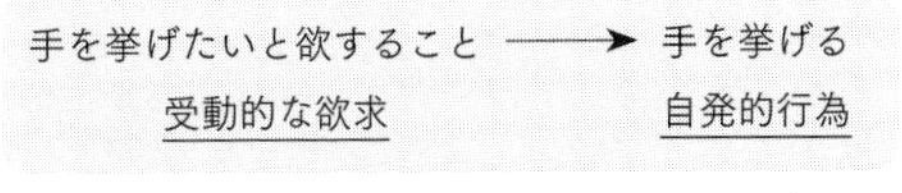

図6　人間の行為（ホッブズの理論による）

の行為をするように私たちを決定づけるのに十分なものなのである。あなたが手を挙げると決心することは、ただたんに、手を挙げようというとても強い欲求、あなたが実際に手を挙げることを確実にするのに十分なほど強い欲求に打ち負かされていることになる。このことは、意志が、何ら特別なものでないことを意味する。意志はたんに、普通の欲求や欲望のための能力でしかない。そこで、欲望や願望をもっている以上、サメもまた、私たちと同じように意志をもつことになる。そして、ホッブズの見方によれば、卑しい願望や欲求について、何ら自由や自己決定がないのと同じように、決心についても、何ら自由や自己決定など存在しない。決心することは、意図的な行為ではないし、また私たちが自由にできたり、直接コントロールできたりするものではなく、ただたんに衝動を感じるのと変わりがないのである。

それゆえ、行為は、ホッブズによって、自発的な行為、つまりそうすると決心したり欲したりすることにもとづいて私たちが実行する、手を挙げたり道を横断するといった行為に制限される。実際、ホッブズは、行為を「自発的に行われるもの」とはっきりと定義する。ホッブズにとって、意図的であったり熟慮をともなう行為は、あなたの手を挙げるといった行為のように、それをしようと決心したことにもとづいて何かをすることでしかない。もしくは、ホッブズにとっては同じことであるが、それをしようという先行する欲求や願望によって、何かをさせられるということでしかないのである。

以上のように、私たちが自発的に、もしくはそれをしようという先行する欲求や決心にもとづいて行うことを行為と同一視することにより、ある根本的な結果が導かれる。この同一視によって、ホッブズは、彼が想定しているように、なぜ決心それ自体が、熟慮をともなう、意図的な行為ではけっしてありえないのかということを説明できるようになる。

ホッブズが考えたように、決心それ自体は、私たちが自発的にするものではない。たとえば、手を挙げようと私が決心することは、そう決心しようと決めるといったような、先行する決心にもとづいてするものではない。ホッブズが言ったように、現代の決心するという言葉に代えて、一七世紀の用語である意志するという言葉を用いるとすれば、次のようなことになる。

> もし私が意志するならできる、というこの自由を私は認める。しかし、私が意志するなら意志できる、と言うのは、不合理な言葉づかいだと考える。*1

そしてホッブズは、少なくともある点では、確かに正しい。行為するという決心は自発的なものではない。決心は、直接的には意志によるものではない。決心は、そうしようと決めた、先行する決心や欲求にもとづいてなされるわけではけっしてないのである。たとえば、私は、ぴったり五分間たったら、手を挙げる決心をしようと決めることはできない。また、私は、五分後、約束の時間になって、ただそれをしようという私の前の決心にもとづいて、決められたように決心し、それを自発的にするなどと考えることは明らかにできないのである。

そしてこのことは、決心の別の特徴と結びついており、そしてまたこの特徴により、決心は、私たちが本当に自発的にできること、つまり、それをしようという先行する決心や欲求にもとづいて、私たちが本当にできることから区別される。まさに決心が直接的には意志によるものではないのと同じように、決心は、直接的には命令によるものではないのである。明らかに私は、手を挙げるという決心のような、ある特定の決心をするようにあなたに命令することはできないし、また、正確に命令されたとおりに、そしてただ単純に私の命令に従うために、あなたが命令された決心をするなどと期待することもできない。たとえば、私があなたにこのように命令したとしよう。「五分間たったら、明日あなたの手を挙げるよう決心しなさい。そしてそのあと、さらに五分間たったら、その決心を捨て、代わりに、明日手を挙げないと決心しなさい。そして、またさらに五分間たったら、その決心もまた捨てなさい」。

あなたはきっと、いくぶん狼狽して、私の命令に反応するだろう。それを実行するのは、ほとんど不可能だろう。決心とは、ただたんにそう決心せよという命令に従ってなされるものではないからである。決心が確かに命令されたものではないという事実は、決心が自発的になされないという事実と明らかに結びついている。なぜなら、もしも決心が、決心せよという先行する決心にもとづいて自発的になされるのであれば、決心せよという私の命令に従うために、完璧に首尾よく決心することができるだろう。あなたは、何であれ私があなたに命令した決心をするだけでよく、その場合、私の決心に従うことは簡単なことだろう。一度、私があなたの手を挙げるという決心といった特定の決心をするようあなたに命令すれば、決心するという決心にもとづいて、そして私の命令を満たす手段として、あなたはたんにその決心を自発的にすることになるだろう。

なぜ決心がけっして命令されて行うことのできるものでないのかは明らかである。もしも私があなたに手を挙げる決心をしてほしいと思ったとしても、私はただあなたに「手を挙げると決心せよ！」と命令することはできない。あなたに手を挙げると決心してもらうためには、私は、手を挙げると決心したとおりに行為することが、よい考えであるということを、あなたに何とか説得する必要がある。あなたに手を挙げる何らかの理由を、私は示す必要がある。私は、あなたが手を挙げることが得であるということを、何とか示し、明らかにする必要があるのである。

その方法の一つは、もちろん、手を挙げることが利益になるということを実現させること、それもはっきりと実現させることである。たとえば、私はあなたに、手を挙げたことへの報酬を提供するかもしれない。そうすれば、あなたは、手を挙げるように決心してくれるかもしれない。もしくは、もしも私に、手を挙げさせるために必要な権威があれば、ただたんに命令を発するだけでもよいかもしれない。それは、手を挙げることを決心させる命令ではなく、決心したように行為する理由を与えて、実際にあなたの手を挙げさせる命令である。私は、ただたんにあなたに手を挙げるよう命令する。こうした命令が与えられると、あなたが手を挙げることへの利益があるのかもしれないし、または手を挙げる理由、つまり、手を挙げて、あなたは私の権威に従おうという理由があることになるだろう。そして、手を挙げるためのこうした理由をあなたに与えることで、やはり私は、あなたに手を挙げるように決心させることになるのである。

ある人にある特定の決心をさせ、そのあとにある特定の行為をするように決心させるものは、そう決心せよという命令や、そう決心しようという当人の先行する決心ではなくて、決心したとおりに行為するための何らかの理由、つまり、決心された行為の理由となる何かよいこと、望ましいことである。ある人が手を挙げると決心するように動かすものは、そう決心せよという命令や、そう決心しようという本人の決心ではなくて、そうしたものとは大きく異なるものである。つまり、手を挙げることを人に決心させるのは、決心すること自体についての利益や望ましいものではなく、決心した行為を遂行することについての、つまり実際に手を挙げることについての利益や望ましいものなのである。

それゆえ、決心が自発的ではないことについては、ホッブズは明らかに正しかった。私たちは、決心しようと決心したからといって、ある行為をしようという決心を望むままにすることはできない。私たちが自発的にすることのできるような、意思決定に結びついた何か別のものがあるという事実によって、決心が自発的ではないことを認めないということはあってはならない。この何か別のものは、ある行為をしようという特定の決心ではなく、それとたいへん間違われやすいものではあるが、しかしそれにもかかわらず、重大な違いがあるものである。すなわちそれは、何をすべきかある仕方で心を固めるということである。*2

私は、今から五分後に、手を挙げるべきかどうかについて、ある仕方で、もしくは別の仕方で心を固めようと完全に決心することができる。そしてそれから五分後、前の決心をもとに心を固めていくことができる。だから、ある仕方で、もしくは別の仕方で心を固めていくことは、心を固めていこうという先行する決心にもとづいて、自発的にできることである。しかしそのことは、ある決心をすることが、同じように自発的であることを意味するわけではない。結局のところ、心を固めることは、一つの過程なのである。そしてそれは、まず第一に、考えること、もしくは少なくとも選択肢について真剣に考慮すること、すなわち、ある決心をするために予備的に行うものが含まれているのである。自発的になされるものは、こういったことである。しかし、私がどの決心に至るのかは、自発的なことではない。心を固めるときに、手を下げるのではなく挙げると決める場合、これは、ある特定の決心に到達し、その反対の決心をしないように、それに先立つ決心にもとづいて私が行えたようなことではない。私はあらかじめ、心を固めようと決心することはできる。しかし、あらかじめ、どのように心を固めるかを有効に決めることはできない。あれではなくむしろこれをしようと決心することは、まさにホッブズが考えていたように、けっして自発的なことではないのである。あれではなくこれをしようと決心することは、その瞬間に把握する選択肢に対応して、つまり、現実的なものであれ見かけ上のものであれ、選択肢がもつ可能な利益に対応して私が行うことであって、この特定の仕方で決心しようという前の決心にもとづいて行うことではないのである。

　行うことを決心したり欲求したりすることにもとづいて私たちが自発的に行う行為という、ホッブズの新しい意図的な行為の定義と結びつくとき、意思決定が自発的ではないということは、ある明らかな結論に至る。あれではなくてこれをすると決心すること——手を下げるのではなく手を挙げると決心すること——こうしたことは、もはや私自身の熟慮にもとづく意図的な行いではありえない。私の行いが自発的なものでない以上、あれではなくてむしろこれをすると私が決心することは、私が意図的にすることではなく、むしろ私にふりかかるものである。こうしたことは自発的ではないので、決心それ自体は、考えぬかれた行為ではありえない。そこで、意志にもとづく理論が意図的な行為の本来の形式だと考えたもの、すなわち、あれではなくこれをすると決心することを、ホッブズは、行為であるとはけっして考えない。そして、決心が行為ではなく、また考えて意図的になされるものでもない以上、あれではなくこれをすると決心することは、私たちが自由にできることではありえない。もはや、意志の自由が存在することもありえない。私たちがどの行為を行うか決心するのは、もはや私たち次第ではないのである。

実際、ホッブズは、意志にもとづく従来の行為理論がまったく整合的ではないと考えていた。伝統的な理論では、手を挙げるということが手を挙げようという決心の自発的な結果であるという事実に訴えることで、手を挙げることが意図的な行為となることを説明する。しかし、不幸なことに、伝統的な理論には、その先行する決心を意図的な行為とするということについて、あまり説得力のある説明がなかったようである。ホッブズが見るかぎり、唯一の有効な説明は、手を挙げることについてこれまで述べてきたのと同じ種類のものである。これは、自発性や、あることがそれをしようという決心の結果であるということに訴えるような説明である。しかし、ホッブズの見方では、この説明は、決心がいかにしてそれ自体行為であるかということを説明するために用いることのできるような話ではない。そしてそれは、まさに、決心が自発的ではないからである。あなたは、手を挙げようと決心しようと決めたことにもとづいて、手を挙げようという決心をすることはできないのである。

今や私たちは、人間の行為についてのホッブズの理論が、それがとって代わろうとした意志にもとづく理論とどれほど異なるかわかる。ホッブズの理論では、決心したとおりに行為すること――結果の自発的な産出――は、派生的な形式の行為、つまりそれをすると決心するという本来の行為を通して私たちが遂行する行為ではない。むしろ、決められたように行為することが、唯一の行為なのである。私が自発的に手を挙げるとき、私が遂行する唯一の行為は、その自発的な行為である手を挙げるということだけである。手を挙げようという先行する決心は、けっして行為ではない。その先行する決心は、私のコントロールをこえて私に立ち現れる強い欲求、私の手を挙げさせることで私を行為へと押し出すような欲求でしかないのである。

このように、人間の行為についての意志にもとづく理論、つまり行為を本来的に意志の自由の行使であると考える理論は、それとは非常に異なるホッブズ哲学のイメージにとって代わられる。人間の行為は、私たちの欲望によって、私たちが運動へと押し出されるというものでしかなくなる。そして、このホッブズの考え方は、人間の自由についてとられてきた見方に重大な変化をもたらすことになる。

ホッブズにとって、もはや人間の自由は、意志の自由であったり、目標を採用する自由として行使されるものではない。また、人間の自由は、理性にも依存していない。ホッブズ哲学の自由は、次のようなものでしかない。つまり、何であれ私たちがたまたま抱く欲求を満足させるように、障害となるものが存在しないということが、ホッブズ哲学の自由である。私たちに立ち現れ、それ自体私たちの行いではない欲求によって、私たちの行為があらかじめ因果的に決定されているかもしれないということと、私たちの自由とが違うわけではない。自由にとって肝心なのは、欲求が現れたときに、妨げがなくそれが満たされるということである。自由とは、もはや、妨害されていない意志と同じである。そしてもちろん、妨害されていない意志とは、妨害されていない欲求と同じであるとホッブズは考えている。

> 自由な人間とは、次のような人のことである。すなわち、「彼がしようという意志をもつことを行うのに、妨げられていない人である」。……自由意志という言葉の用法は、意志、欲求、愛好といったものの自由ではなく、ただ人間の自由のみを暗に意味している。そして人間の自由とは、次のことによって構成される。つまり、彼がしようという意志、欲求、愛好をもつものをする際、何ら障害物を見いださないということである。[*3]

そして、そのように理解される自由は、明らかに因果的決定論と両立できるものである。ホッブズの自由の理論は、明らかに両立可能説である。私たちの行為すべてが、運命によって私たちに押しつけられる欲求によって、あらかじめ因果的に決まっていたということがわかったと考えてみよう。それでもホッブズにとって、私たちは自由である。運命が私たちにある行いをしたいと思わせるときに、もし仮に、まさに私たちが欲するとおりにすることを止めるようなものが何もなければ、私たちはいぜんとして自由なのだ。ホッブズ哲学が考える自由を取り除くのは、因果的決定論ではなく、私たちが欲することを不可能にするようなもの、たとえば部屋の施錠されたドア、縄、鎖といった拘束なのである。

さらに、もはや自由は、人間に限定されるものではない。ホッブズ哲学による自由は、私たちがサメなどの下等動物と完璧に共有できるようなものである。サメもまた、それが欲するものをしたり得たりする、妨げられることのない能力をもつことができる。そして、欲することをする、妨げられることのない能力とは、まさに自由が到達しうる最高のものである。ホッブズは、両立可能説者であるだけではない。彼の両立可能説は、自由を、人間と下等動物にひとしく共通する、完全な自然現象としてしまうのである。

ホッブズの自由の理論はとても衝撃的なものだろう。この理論は、人間の自由を、それまで考えられてきたよりも、はるかに限定的なものにとどめているように思われる。実際、人間の自由は消えてしまったと言う人もいるだろう。私たちがもつのは操り人形の自由である。その手足は結果的に人形にわりあてられ、人形がコントロールできない力でしかない欲求によって動かされるのである。英語圏の哲学において、自由意志の問題に関して後続する歴史の大半は、この、あからさまにミニマリスト的な自由のイメージに対する、一連の反応であった。

実際のところ、ホッブズを、近代の自由意志の問題の創始者であると見ることができる。ホッブズ以前の中世においては、自由意志の問題の中心にあるものは、人間の自由が、人間の合理性や、全知全能である神の知識や行為とどのように関わるかについての問題であった。つまり、中心的な問題は、次のようなものだった。理性という能力が、いかにして人間を自由とするか。そして人間の自由は、宇宙について、そして私たちがどのように行為するかについて、神があらかじめ知っているという摂理的なコントロールとどのように折り合うか。ホッブズ以降、自由意志の問題は、ますます、きわめて新しい種類の問題、すなわち、人間の自由を、いかに自然主義的な世界像と調和させるのかという問題となっていく。そして、現在議論されている問題は、次第に次のような問題となってきている。つまり、もしも人間が、因果性だけで動くような完全に物質的な世界の一部であるならば、どのようにして人間の自由はありうるのだろうか、という問題である。

ホッブズと常識

多くの哲学者は、ホッブズの意見に納得してきた。こうした哲学者は、ホッブズ哲学の言う自由、すなわち、妨げられることのない自発性の能力、私たちがたまたま欲するように行為できる能力が、唯一可能な自由であることに同意する。自由とはそれ以上の何らかのものであるという考えは、まったく架空のものである。自由が理性という特別な能力に依存しているということ、私たちの行為があらかじめ決定されていないことに自由が依存しているということ、こうしたことはみな幻想なのである。

そして、自由がどのようなものかということについてホッブズがもつイメージは、一度あなたが、行為についての彼の理論を受け入れてしまえば、十分妥当なものであるように思われるだろう。ホッブズは、行為と自発性を同一視する。つまり行為と私たちがそれをしたいがためにしようとする行いとを同一視する。私たちが行為するときに起こっていることについてホッブズが信じているのは、本質的には、欲求によって私たちがつき動かされているといったことでしかない。それでは、私たちが行為において何を行うか自己決定するという自由は、自発性以上の何かでありうるだろうか。

ホッブズによれば、行為することは、ただ何かを望んで、それをすることでしかない。そしてそのようにして、私たちは自分の行為主体性を経験する。子どもは、床に置いてあるボールを拾い上げようと望み、望むそのとおりにボールを拾い上げることがなんとかできそうだとわかる。望むことをなんとかしようとするとき、子どもは、こう言ってよければ、うまくいった自己決定についての最初の経験をしたのである。そしてそのあとで、望むとおりに行為できたという経験について反省してはじめて、私たちは、自己決定が何であるかについての本当の理解や知識を獲得する。このようにホッブズ哲学を支持する人は主張してきた。そしてこのことにより、ある明らかな結論が導かれる。もしもホッブズが行為について言っていることが正しければ、行為の中で私たちが経験する唯一の自己決定は、ある種の自発性であり、それを望むからしようとする行いである。そしてこのことが意味するのは、何かそれ以上のものが自由であるという考えは、私たちの実際の経験によって、きわめて支持しがたいものになるということである。

しかし、日常的な意見が、ホッブズによって幻想であると想定され、ホッブズが断固として反対した側に立っていることはきわめて明らかである。日常的な理解では、確かに自由は、私たちが望むように行為する能力以上のものを含意しているのである。

もう一度言うと、ホッブズ哲学の自由は、妨げられない欲求でしかない。ホッブズによれば、私たちの自由を取り除くのは、私たちの欲求を満たすことを妨げる障害である。私たちの自由は、欲求それ自体によってはけっして取り除かれない。しかし、常識においては、自由はそれとは大きく異なるものだと考えられている。常識では、自由は、私たちの欲求を妨げる障害によってだけでなく、私たちの欲求それ自体によっても十分に取り除かれると考えられているのである。たとえば、薬物中毒者について考えてみよう。薬物中毒者は、施錠された部屋のドアや鎖といった、欲求を満足させることへの障害によってではなく、彼自身の欲求によって収監されているのである。もし捕まっていなければ、薬物中毒者は、彼が中毒になっている薬物を手に入れないという自由をもっていない。彼がこの自由をもっていないのは、外からの拘束がなければ、薬物を手に入れようという彼自身の欲求によって、薬物を手に入れようという行為をせざるをえないからである。薬物中毒者は、まさに彼が行為したいように行為している。しかし、彼が望むように行為することに対して、いかなる障害もないにもかかわらず、それでも彼は、自由にそれ以外の仕方で行為することができない。だから、まさに彼自身の欲求が、その自由を取り去ってしまっているのである。

中毒者の事例によってわかるのは、私たちは、自由であること、つまりどのように行為するかについて本当のコントロールができるということを、ただたんに望むことをするということとは大きく異なる何かであると自然に考えているということである。そしてその考えによって私たちは、欲求をもち、しばしばそれを実行できるサメが、私たちと同じように行為をコントロールしているわけではないとすることができるのである。

また、日常的には、とくに意志の自由が存在することも信じられている。私たちが意志とその自由について普段信じているものは、十分に明確である。それはまさに、人間の行為についての、意志にもとづく伝統的な理論が含意していたことでもある。私たちがどのように行為するか決心するのは、自分次第である。私たちが何を決心するかは、自分自身の自由な行いである。そのうえ、私たちの行為の自由は、この決心の自由に大きく依存している。私たちがどのように行為するか決心でき、そして何を決心するかが私たち次第であったり私たちのコントロール下であったりするからこそ、私たちは行為に対して何らかのコントロールをすることができるのである。日常的な直観にもとづけば、私たちの行為の自由が意志の自由に依存しているのは明らかである。そして、中毒者に欠けているのは、まさにこの意志の自由なのである。

中毒者が自由でないのは、中毒者の自発的な行為が、彼自身の自由な決心、つまり彼自身の自由意志によって決心されていないからであると、私たちは普通考えている。中毒者の自発的な行為と、それに先行する決心は、代わりに彼の欲求、つまり彼の直接的なコントロールがきかない動機によって決定されている。そして、日常的な直観に関するかぎり、欲求と決心は大きく異なるものである。決心とは異なり、欲求は受動的な出来事であり、私たちがすることではなく、私たちに立ち現れるものなのだ。そう考えると、欲求は、私たちの自由の根源ではなく、むしろそれを脅かすものにとどまるのである。

ホッブズや、彼に続く思想の伝統は、私たちの世界観を、非常に明快だが、しかしとても乏しいものにしている。その世界観とは、全体として、常識とはきわめて異質なものでありながら、それでも多くの哲学者が想定しているようなものである。世界は、物質の集合体でしかない。そしてその世界の歴史は、こうした物質における、変化と運動を含む一連の出来事でしかない。こうした出来事は、因果的に決定されているであろうし、もしそうでなければ、そのために、出来事はまさにある程度ランダムなのである。行為は、この種の出来事の一種でしかない。行為が起こるということは、たんに、私たちの行いではない先行する出来事である受動的な欲求が、私たちに運動させるということである。先行する欲求によって私たちの行為があらかじめ因果的に決定されていなければ、行為はただたんにランダムでしかない。確かに、この世界像の中では、私たちが日常的にもつ、自由意志説的な自由概念の余地はない。因果的に決定されていない意志を通じて自由が行使されたり、私たちの欲求によって自由が取り除かれるという余地はないのである。

一八世紀のドイツの哲学者であるイマヌエル・カントは、私たちが経験するとおりの世界、私たちに現れるがままの世界を記述するものとして、ホッブズ哲学の世界観を受け入れた。私たちの経験するとおりの世界は、実際、因果的に決定された出来事の世界である。そして私たちが経験するとおりの行為も、実際、欲望や欲求によって引き起こされた自発的運動でしかない。私たちがそれ以外の経験をもたない以上、私たちは、ホッブズ的な世界についての理論的な知識や理解しかもつことができないのである。

それでもカントは、自由については、ホッブズとは違う意見をもっていた。カントの見方では、この経験世界は、自由として認識できるようなものを与えるのに十分ではなかった。なぜなら、カントはなおも、意志の自由としての自由、基本的に自由意志説的な観点で彼が考えていた自由の存在を信じていたからである。そしてカントにとって、この自由意志説の自由は、なおも可能であった。その自由が可能である理由は、因果的に決定されたホッブズの世界、私たちが経験するとおりの世界は、真理の総体ではないからである。私たちが経験するとおりの世界は、世界そのものではない。経験世界は、私たちの自由を私たちに明かしてくれることはない。しかしそれでも、私たちの自由は実在し、経験から離れてそれ自体で存在するような世界の特徴として、経験を超えて存在するようなものである。それゆえ、私たちは自由を信じる必要があり、また信じることができる。とはいえ、なおも自由は、私たちが直接的に経験できないような何かであり、経験にもとづかない知識や理解なのである。

カントはあまりに譲歩しすぎたのではないだろうか。もしも私たちが、自由意志説的な自由をもっていることを信じているなら、おそらくこの信念は、結局は経験にもとづくということが実際にわかるであろう。おそらく、カントの想定とは大きく異なり、私たちが自由な決心を行う能力、つまり私たち自身の行いであり、また私たちが直接コントロールできる決心をする能力をもつことを私たちに明かしてくれるのは、私たち自身の経験なのである。いずれにせよ、ホッブズの世界は、独断的な幻想でしかなく、世界について私たちが直接経験することの多くを容赦なく排除してしまう空想の産物でしかない。最終的には、私はそのように主張することになるだろう。

自発性なしの自由

これまで見てきたように、ホッブズは、決心が自発的であることを否定した。私たちは、ある決心をしようという先行する決心にもとづいて、その行為の決心を思いのままにすることができない。まさに決心が自発的でないからこそ、ホッブズは、決心が自由であることも否定する。私たちがどの決心をするか決められない以上、私たちは、何を決心するかについてコントロールすることもできないのである。ホッブズに関するかぎり、自由は、自発性以上のものではありえない。もし、何かをしようという決心や欲求にもとづいて、何か自発的にすることができないならば、それは私たちがコントロールできないものとなる。それをするかどうかは、私たち次第ではありえないのだ。

決心について私たちが日常的に理解しているところでは、決心は、実際に自発的ではない。私たちが、それをしようという決心にもとづいて、ある決心を思うままにすることができないことは、常識的に同意されている。それにもかかわらず、常識的には、意思決定がなおも自由であることが深く確信されている。どの決心をするかは私たち次第であり、その結果、私たちは、ある別の決心を自由にすることができる。何を決心するかを、私たちはコントロールできるのである。

以上のことが示してくれるのは、ホッブズは、自由を自発性と同一視したかもしれないけれども、私たちはかなりはっきりとその二つを区別しているということである。常識的な自由概念は、ホッブズ哲学の伝統が理解するような自由とは、何ら関わりがない。常識的に捉えられた自由は、それをしようという意志や決断や欲望にもとづいて、ものごとを思うままに、自発的にすることのできる能力とはまったく違う。私たち自身の決心は、それを思うままにできるという能力をもつこととは関係なく、私たち次第でありうるし、私たちがコントロールできるものである。そして、自由と自発性のあいだの基本的で常識的な区別は、多くの含みをもつ区別である。その含みについては、自由なしでやっていくという哲学者の試み、そしてとりわけ、自由ぬきで道徳性を理解しようという哲学者の試みを考察するときに、次の章で詳しく確認することになるだろう。

＊1　トマス・ホッブズ『リヴァイアサン』第一部第六章。

＊2　決心すること(to decide)と心を固めること(to make up one's mind)が区別されていて、心を固めるということは、決心することよりももう少し緩やかに、決心へのプロセスを含むものとして用いられているようである。

＊3　トマス・ホッブズ『リヴァイアサン』第二部第二一章。

第5章　自由ぬきの道徳？

責任と自己決定

普通の道徳的な考えでは、人々は自分がすることとやしないことに対して道徳責任を負うと思われている。常識的に考えると、道徳的な責務や責任は、人の作為・不作為やその結果に帰せられる。私たちは、何かをしたりしなかったりすることの責務だけを負わされるのであって、私たちの行為とは関わりなくたまたま起こることへの責務や責任まで負わされることはない。

このときにこそ、自由という考えは重要となる。なぜ私たちは自分の作為・不作為に対して責任をもつべきなのだろうか。すでに見たように、私たちはどの行為を行うかを自分で決められるので、自分の作為・不作為は自己責任であるというのが自然な考えである。自分の行為は自分で決められるので、どう振る舞うかまで自己責任なのである。道徳責任を常識的に考える際、鍵となるのは自己決定という考えだ。そして、自己決定を一番素直に捉えるとそれは自由と同じものだということになる。もし私たちが自分でコントロールできるものがあるとすれば、それは自分の行為にほかならないという点で、私たちの行為は自分で決定するものなのである。行為が関わる場合、私たちには責任がある。なぜなら、私たちは自分の行為を自分自身でコントロールできるからだ。

自由と自発性

しかし私たちには自己決定を自由と同一視する以外の選択肢も残されている。多くの哲学者たちは道徳責任の背後にほかの何かがあると確信してきた。彼らの同意するところでは、道徳責任は間違いなく私たちの行為の仕方に対するものである。しかもこのことは、道徳責任が自己決定の能力――何をどう行為するかを自分で決める能力――を前提とするので、なおさらである。だが彼らはそこからさらに自己決定は自由と何の関係もないと主張する。彼らによれば、自己決定は自由とはまったく別のものと関係していると言う。自己決定は、自発性として行使されるのである。

すでに説明したように、自発性とは、自分が望んだり決めたりしたからそうするということだ。さて、これも先ほど確認したことだが、ホッブズは自由を自発性の観点から定義しようとした。自分の意志や望みどおりに行為を行ったり差し控えたりする能力をもつなら、その人は自分の行為をコントロールしている。しかし、こうした自由と自発性の同一視は誤っている。それは、私たちが自分の決心をコントロールしていて現実とは異なる決心を自由にできると考えられる一方で、その決心を自発的に下すことはできないとも考えられているからだ。私たちは、決心すると決めたということだけにもとづいて、決心することはできないのである。

はっきり言って、自由と自発性はまったく違うものである。少しその違いを考えてみよう。私たちは自由であるとき、ある行為を遂行するという選択肢を、その行為を差し控えるというもう一つの選択肢と合わせて考えることができる。そして、この二つの選択肢のどちらを選ぶこともできるのである。自由を行使してある行為を遂行すると言うことは、逆にその行為を遂行しないということに対しても行為者が責任を負っていたと言うことと同じである。それで自由は行為を遂行したりそれを差し控えたりする二つの仕方のうちの一つにおいて行使される同じ能力なのである。行為の遂行をコントロールする自由を所有するということは、同時に、その行為を差し控える自由を所有することでもある。気をつけておかねばならないのは、このとき、行為の遂行がどういうプロセスを経て生じたのかについては何の言及もなされていないということである。

　では自発性の場合はどうかというと、問題はまったく異なる。私たちが「自発的に行為を遂行する」と述べるときは、実際のところ、行為の原因に関わることを言い表しているのである。つまり、その行為が欲求や決心にもとづいてなされているということを表しているのであって、行為の遂行を差し控える自由のような能力にはまったく触れていない。もし行為者が行為を自発的に差し控える能力ももつとすれば、それもまた別の能力――もっているかもしれないし、もっていないかもしれない能力――である。ロックという一七世紀英国の哲学者の著作から次のような例を取り上げてみよう。[*1]私はこうしたいという欲求にもとづいて行動する能力をもっており、それを今、自分の部屋にとどまるという形で行使することができる。私が今部屋にいるのは、まさにそれこそが自分の望んだことだからだ。しかし、私は知らなかったのだが、その部屋のドアは鍵を掛けられているかもしれない。だとすれば、私が外に出たいと思っても出ることはできない。ロックの考えるこうした状況に私が置かれてしまうなら、私は自発的に部屋の中に居続けることはできるだろうが、そこを自発的に立ち去ることはできないのである。

自発性は、自由を説明するために、そして、私たちがある行為を遂行するかどうかは自己責任であるということを説明するためにもち出される。このような説明をする人は、行為者が自発性に関わる異なった二つの能力をどちらも所有していることに訴えかけている。その二つの能力とは、行為を自発的に遂行する能力と、それとは別な、行為の遂行を差し控える能力のことである。そうすると、ホッブズ主義的な意味での自由は、行為を遂行するだけの単純な自発性をもつことではなく、行為を遂行するか、差し控えるか二つの選択肢をともに備えた特別な自発性をもつことでなければならない。

自発性は自由とかなり異なるように見えるだけではない。それは自己決定についてのまったく異なる理解の仕方を与えてくれる。その理解の仕方は、私たちの道徳責任の基礎となっている自己決定を考えるときに、間違いなく自由とは別の選択肢となりうるものなのである。そして、ホッブズが二つの自発性をひとくくりにして、自発性という観点から自由を説明しようと考えだす前には、実際に自発性はこのように捉えられていたのである。何らかの理由で人間の自由を信じない人々は、自発性という名の、自由とは異なる基礎にもとづいて、行為に対して私たちが負う道徳責任をすでに説明していた。私たちの行為は自分自身に責任があると考えられているが、それはほかの仕方で行為する自由をもっているからではなく、私たちが行動するときに自発的であり、自分で望んだり決めたりしたことを実際に行っているからである。

自由ぬきの道徳責任？

結局、自発性はある種の自己決定に似たものを与えてくれる。確かにもしも自分自身の決心や意志が何をするか決めたのなら、人は自分の行為を自分で決めたのである。宗教改革の時代にジャン・カルヴァンは自発性としての自己決定に訴えた。私たちは現実とは違う行為を行う自由をもたないかもしれない。しかし、その場合でも私たちの行為は、自分自身が決心したり意志したりすることを行っているのだから、やはり私たちに責任があるのである。

一六世紀のプロテスタントであるがゆえに、カルヴァンは人間の自由について、以下のような暗い見解を抱いた。彼が論じるところによれば、アダムが神の命に背いたせいで、人類は堕落し楽園から追放され、私たちは今やあらゆる道徳的な自由が失われるほどの原罪にとらわれている。私たちが罪や誤りを犯すことは必然的に予定されており、正しいことを行う自由はない。人類は罪深き者であるがゆえに、私たちの行為はもはや私たちにはコントロールできないものなのである。しかし、正しいことをする自由をもっていなくとも、私たちはやむをえず犯した自らの間違いに道徳責任をもつことはできる。なぜなら、間違いはある意味でまだ自己決定的だからである。私たちの行為は自由でないかもしれない。だが、それにもかかわらず、それをしたいという真の欲求や意志に由来し、自発的に遂行されているのである。

さて、この区別の要点は次のようなものだ。人類は原罪によって堕落しているがゆえに、その者は自ら進んで罪を犯したのであって不本意であったり強制によるものであったりするのではないということ、心の最も激しい傾向によるものであって強いられたものではないということ、自身の渇望を刺激するものによるのであって外部からの強制によるものではないということ、これである。……必然的に罪を犯す者はまさに自発的に罪を犯しているのである。*2

今日では、アメリカのハリー・フランクファートを代表として、多くの哲学者が、カルヴァンのように、どのように行為するかに対する道徳責任を、現実とは違う行為をする自由から切り離そうとしている。私たちが行為するときの自発性こそが――これは要するに、よく考えたうえで行動するときに、私たちは自分が行うとあらかじめ決めたり、前もってしたいと思った行為を遂行したりしているという事実のことなのだけれども――私たちに道徳責任を負わせるのである。現実とは違う行為をする自由とは無関係なのである。

自由ではなくむしろ自発性にこそ道徳責任の基礎を置こうとする哲学者がいる理由ははっきりしている。自発性は理解も納得もしやすいからだ。自発性は、自分が決めたり求めたりするとおりに行動するということでしかない。それに比べると自由はもっと議論の余地のある概念である。こうした哲学者の見解によると、何となく私たちが自由意志説者のような自由を自然なものとして思い浮かべるなら、実際のところ自由がどうなってしまうかはきわめて曖昧になってしまう。出来事は因果的に決定されているかランダムかのどちらかである、つまり、私たちの行為は先行する欲求の結果にすぎないと広く認められているような世界の中で、自由意志説者のように自由を捉える余地があるかは判然としない。それなら自由という考えをきれいさっぱり捨ててしまい、道徳責任の基礎を自発性へと置き換えてしまってはどうだろうか。

しかし、なぜ常識が自由を諦めきれず、なぜ自発性では自由の代わりが務まらないのかについては、明らかな理由がある。というのも、常識的には、私たちは遂行するという決心にもとづいて自発的に遂行する行為だけではなく、行為の遂行より前に行われる決心に対しても責任を負っていると信じられているからである。私たちがすると決めたことは、その決心にもとづき、その後することであると同時に、私たちの意図的な行動、私たち自身の行動、そして私たちが責任を負う行動でもある。しかし、すでに見たように、意思決定は自発的にはなされない。私たちが決めることは自分の決心や意志に従わないのである。

人々はたんに望んだことではなく、実際に決心や意図したことに直接的な責任をもつという考えは、常識的な道徳の一部である。自分勝手なフレッドの事例を思い出そう。彼は母親があれこれしてくれたにもかかわらず母親の利益を気にもとめず、自分のことにしか関心がない。私たちは彼を責めるが、それは母親を助けないからというだけではなく(自分の利益への関心から実際に彼女を助けることもある）、彼の利己心が問題なのである。そしてこの利己心はフレッドの身に降りかかってきただけの感情や衝動ではない。この利己心は、意志という彼の意思決定能力に備わった傾向性にある。私たちは、自分の利益だけにもとづいて決心し、それだけを気にして、母親の利益を増そうとしなかったということで非難するのである。

私たちはフレッドの決心や意図を、彼が直接していることだと考えるので、彼のそうした利己心を責めるのである。ホッブズの想定とは逆に、意志は行為の、それも意志された自発的行為の原因や誘因というだけではなく、行為そのものの能力でもある。このことが、採用したり仕損なったりする目的や目標がどのようなものであるか、自分が決心し意図したことに人々が責任を負うと考えられる理由である。ある決心をし、ある意図をもつことは――結局のところ行為者が特定の目的や目標を採用することなので――行為者自身がよく考えて意図的に行うことだと言える。私たちの決心は、心の内から湧き上がる欲求やはたと気づく予兆のように、私たちの身に降りかかるものではない。私たちが決めることはそれ自体、自分の意図による行為である。

決心は自発的にはなされないがゆえに、言い換えれば、私たちが決心すること自体は意志に従っていないので、道徳にとって重要である。その意味するところは、どう決心するかも含めどう行為するかということと道徳責任を結びつけるような自己決定は、自発性ではありえないということである。むしろ、そのような自己決定は自由でなければならないだろう。

＊1　ジョン・ロック『人間知性論』第二巻第二一章「力能について」第一〇節。
＊2　「したがって、人間は堕落によって本性を損なわれたため意志によって罪を犯すのであり、意に反してでも強制されてでもないこと、魂のもっとも傾倒した愛によって罪を犯し、暴力的強制によらないこと、自分自身の肉欲の動機によって罪を犯すのであって、外からの強制によるのでないこと、……という違いの要点を考察すべきである。以上が真であるならば、人は確かに罪を犯す必然に服していると、曖昧の余地を残さず言い表される」(ジャン・カルヴァン、渡辺信夫訳『キリスト教綱要　改訳版　第一篇・第二篇』第二篇三章五節、新教出版社、二〇〇七年、三二二頁)。

第6章 「自由意志説の自由」への疑い

自己決定と自由意志説の自由

自己決定、つまり、どのように私たちが行為するのかを自分で決定する能力は、自由という形態をとらなければならないように思える。そして、この自由は、つまり私たちがどの行為を遂行するのかが私たち次第であることは、自発性と同じではない。というのも、行為を遂行することを決定したり望んだりすることによって自発的に遂行できないにもかかわらず、私たちがコントロールできる行為があるからだ。それは、私たち自身の意志の決心である。

だが、自由は可能なのだろうか。自由についての私たちの自然な考えは、両立不可能説者のものであり、実際には自由意志説的である。行為の仕方をコントロールできるのは、私たちがコントロールできない先行する出来事によって行為が前もって因果的に決められていないからであるという点で、それは両立不可能説なのである。そして、そのように条件づけられた自由が、私たちが所有でき、現実に所有している自由だと私たちが信じている点で、その考えは自由意志説なのである。

両立可能説は、自由とそれを構成する自己決定の能力について次のような考えを歴史的に採用してきた。両立可能説によれば、私たちが自由に行為するとき、どのように行為するかは自分自身で決定するものとして考えているのだが、それはたんに身代わりとしてであり、あるいはいわば、代理によってなのである。私たちがどのように行為するかを決定しているのは、実際には私たちというよりはむしろ、私たちとは別のものであり、それは、私たちがたまたまもつようになったさまざまな欲求やほかの先行する動機といったものである。これらのものは、原因として私たち自身の行為に先行する欲求であり、それらは私たち自身が何かできるものではなく、私たちにはコントロールできない欲求なのである。

だが、自由意志説はそのような考えには同意しないだろう。自由意志説は、自由な行為者として私たちが行動の仕方を決定するとき、決定するのはまさしく自分自身でなければならないと考えている。本当に行為をコントロールできるなら、それは私たちから生じなければならず、私たち自身とは別の先行原因からであってはならない。自由な行為者として、行為の仕方の究極的な決定要因となるのは、私たち自身でありほかの何ものであってもならない。そうすると問題は、私たちが、独立した自己決定の能力を本当にもっているかどうかというものになる。自己決定のこの要求された形式にはどのようなものが関わってくるのだろうか。

本書の最初で、私は、多くの哲学者が自由意志説の自由の可能性を疑っているということを述べた。彼らは、自由意志説者が考えるような自由——独立した自己決定の能力——が原理的に不可能だと考えている。私たちは、それがなぜかという大まかな概要をすでに見ている。では、自由意志説に対するこれらの批判を、もっと詳しく見てみることにしよう。

ランダム・プロブレム

自由意志説が直面する一つの問題は、ランダムという脅威に関わるものである。ランダムということによって、私はここで、たんなる偶然の働きのことを意味している。そしてそのように理解されたランダムさは、完全に自由と対立するとほとんどの人が考えている。もしも何らかの出来事や過程がランダムに生じているならば、あるいは純粋に偶然によって生じているならば、私たちは、それをコントロールできないだろう。そして、自由意志説の言葉で考えられた自由とは、偶然以外の何ものでもないということになってしまう恐れがあると、批判者たちは言う。というのも実際のところ、二つの選択肢しかないからである。行為が前もって因果的に決定されている——その場合には、自由意志説は、それが実際には自由であるということを否定するだろう。あるいは行為が因果的に決定されていない程度において、その出来事が単純な偶然にもとづいているかである。因果的に前もって決定されていることを払いのけることによって、自由意志説は本当の自由だと考えているもののための余地を作ろうと努力してきた。しかし、因果的に前もって決定されていることがないときに、私たちが現実に見いだすことができるものは偶然であり、それは本当の自由とはまったく言えないものである。私は、自由意志説が直面するこの問題をランダム・プロブレムと呼ぶことにする。

もちろん、この問題は、一つの重要な想定にもとづいている。その想定とは、次のようなただ二つの選択肢があるということである。それは、ある出来事が因果的に生じることが決まっているか、その生起がたんなる偶然によるものかという選択肢である。しかし、自由意志説の自由を信じることによって、私たちは第三の可能性があるという考えをもつことになるように思われる。それは、自由の行使として私たちのコントロール下で生じるので因果的に決定もされておらず、しかもたんなる偶然でもない何らかの出来事があるという可能性である。さて、自由意志説の批判者が、これが本当の第三の可能性だということを排除したがっているのは明らかだろう。しかし、それがなぜ除外されるべきなのかは明白ではない。

　結局のところ、この可能性以上にもっともらしく想定できるものがあるだろうか。先行する出来事によって、因果的にすでに前もって決定されていて、私たちによってコントロールされない出来事がある。そういった出来事はとにかく生じることになっている。それから、たんなる偶然による出来事がある。純粋な偶然によって生じるので、こういった出来事も、私たちによってコントロールされることなく生じなければならない。後者の出来事は、実際にまさしくランダムの事例である。しかし、私たちのコントロール下で生じ

因果的に前もって 決定されている だから コントロールされていない	因果的に 決定されていない かつ コントロールされていない （ランダムもしくはたんなる偶然）	因果的に 決定されていない かつ コントロールされている

図 7

る別のものがある。その場合に、その出来事は因果的に前もって決定されてもいないし、ランダムでもない。これらの出来事が生じるとき、たんなる偶然以上のものが関係している。なぜなら、その出来事は、まさしく私たちがコントロールしているからである。その物事はただランダムに生じているのではない。私たちは、それらが生じるかどうか、いつ生じるかをコントロールしているのである。そのように考えたとき、これらの選択肢を、完全に別個の、そして等しく本物の可能性だとして区別することよりも自然なことがあるだろうか。

ランダム・プロブレムを解決するために、私たちは、次のことを理解しておかなければならない。それがなぜそれほどの問題に思えるかということである。第三の可能性がないということ——因果的に前もって決定されているか、たんなる偶然に依存しているかのどちらかであることが唯一の可能性であること——を、なぜ非常に多くの哲学者がほとんど当然のことだと考えているのかを、私たちは理解しておく必要がある。

エクササイズ・プロブレム

自由意志説が直面するもう一つの問題がある。自由意志説の自由は、自由が行使される唯一の仕方で、つまり真なる行為の中で、私たちが考えぬいて行ってきたものを通して、行使されうるものなのだろうか。そうではないという不安がある。つまり、自由意志説の自由は、本物の行為として理解できるどのようなものとも合わないということである。自由意志説の自由は、私たちが行うことを、でたらめで方向性のない運動——痙攣や発作——と同じようなものにしてしまうように思える。本物のコントロールである自由は、たんなる痙攣や発作を通して行使されるものではない。私はこの問題を、、、、、、、、、、エクササイズ・プロブレムと呼ぶことにしよう。これからエクササイズ・プロブレムがどのようにして生じるのかを、正確に説明することにしよう。

自由とは、私たちが意図的な行為や不作為を通して行使するものだということを思い出そう。それが私たち自身の行為というものである。そしてそれは、私たちが、出来事のコントロールを行使する媒体なのである。

しかし、行為とは何だろうか。何らかの目標を達成するために、目的をもってなされるものである。あらゆる本物の行為は目的をもっている。それは、行為を、考えて行われるものとして理解させてくれるものであり、私たちになぜ行為が行われたのかを説明するものなのである。行為は目的のない反射運動ではない。行為はいつも、行為者の目標によってある程度理解される出来事なのである。「なぜあなたは道を横切ったのですか」と誰かが私に尋ねる。そしてもしも道を横断することが、私が本当に意図して行ったことならば、もしもそれが何か外的な偶然の出来事(地滑りが私を引きずっていったなど)や目的のない反射(私の足が痙攣するなど)によって起こったものではなかったならば、いつも何かしらの答えがあるだろう。その答えは、道を横断する私の目的から生じるかもしれない。もしかすると私は、道を渡ることそのもののために道を渡っているのかもしれない。あるいは私の目標は、向こう側にある新聞販売所へ行くことかもしれない。

実際のところ、行為と目的をもつこと、たとえそれ自体のためにであったとしても目標への手段として何かをすること、これらは結局のところ、同じもののように思える。すべての行為が目標や目的をもっているというだけではない。私たちが目的を見いだすところではどこでも、私たちは行為を見いだすのである。目標に到達するために何かをすること、目的を遂行するために何かをすることは、いつも行うこと——行為を遂行することに含まれているのである。

行為の目標への方向性はどこから生じるのだろうか。行為に関するホッブズ的な見方は、シンプルな回答を与えてくれる。私たちが行為する目的は、先行する欲求から生じるのである。そしてその欲求は、私たちを、実際にするような仕方で自発的に行為させる欲求である。道を渡る場合を考えてみよう。新聞販売所に行くために道を渡るものとしてみよう。すると次のことが正しいと言えるだろう。私の足は、偶然や痙攣によって動かされるのではなく、先行する原因の結果として動かされるのである。そしてこの先行する原因は、土砂崩れのような私にとって外的なものから生じるのではなく、自分の欲求から生じるのである。私は、新聞販売所に到着したい。そして道を渡ることによってそこに行きたいのだ。そしてこれが私が道を渡る理由なのである。

私の行為は、偶然や何か外的な原因によって生じるのではなく、自分がすることによって目標に到達しようとする欲求の結果として生じるので、本物の行為として考えられる。そして、私の行為の目標や目的は、この動機づけをする欲求の「対象」——私がしようと欲求しているもの——から生じるのである。この話は、行為がそれ自体のために遂行されるとき、道を渡ること自体が目的となって道が私によって渡られるときにさえ、当てはまる。ここでも、私の足は純粋な偶然によって動かされるのではなく、何らかの原因の結果として動かされている。そして原因はここでも、目標に達しようとする欲求である。とはいえこの場合、目標は「さらなる」結果や目標ではないだろう。それは単純に私がすること、つまり道を渡るということでしかない。道を渡ることは、それ自体のために私がしたいことなのである。

ホッブズにとっては、行為は、先行する欲求の自発的な結果としてのみ生じるものである。そして、行為がそのような目的をもつのは、この先行する原因――欲求やその欲求の対象――からなのであり、そしてそれらが本物の考えぬかれた行為と同一視されることからなのである。

ホッブズの理論において、行為は、まさにその本性によって、私たちのコントロール外にある先行する出来事の結果だということになる。それは、行為がとりうる唯一の形態なのだ。行為がそのようなものとして考えられ、先行する欲求――私たちの行為ではない受動的な出来事であり、その結果私たちにはコントロールができない欲求――の結果としてのみ、行為に本質的である目標への方向性を獲得する。そのような原因がなければ、どのようなものも理解可能な目的ある行為だとは考えられない。それは、たんなる無目的な出来事でしかありえない。そして、私たちが同意してきたように、自由や本物のコントロールは、たんなる目的のない出来事を通して行使されることはないのである。

自由意志説が直面している問題は、今や明らかだろう。自由意志説は、自由な行為は、先行する欲求のような、私たちにコントロールできない先行する出来事によっては因果的に決定されないと言う。

しかし、私たちが考察しているホッブズ的な行為の理論では、行為は、そのような先行する欲求の結果であるときだけ、行為として考えられる。その場合、自由意志説の自由は、まさしく行為の本性から引き離される。それも非常に問題のある仕方で。

自由とは、行為の仕方の中で、そしてそれを通して、つまり行為の能力を通して、行使されると考えられているものである。だが、ホッブズの理論では、行為の能力は、一種の因果能力と同一視される。行為の能力は、欲求の個別の因果能力——望まれたように私たちを行為させる能力——と同一視されるのである。それが、私たちが望むから望んだものをするというホッブズの理論における行為である。

しかし、この因果能力によって、自由意志説の自由は行使されるどころか、現実には脅かされてしまう。自由意志説の言い方では、もしもこの因果能力が十分に強力な形態をとるならば——もしも私たちの欲求が因果的に前もって私たちの行為を決定するならば、私たちは自由ではなくなるのである。私たちが行うものに影響を与える先行する欲求の因果能力——ホッブズの理論において行為の能力を構成する、その因果能力——は、もしも自由意志説の自由が行使されるならば制限されるはずである。

そうすると、自由意志説の自由は、行為の能力を通して行使されるものではないような類いのものであるように思える。むしろ、自由意志説の自由は、まさしくその能力と対立し、それに脅かされるようなものである。だが、自由の考え方として、それは馬鹿げている。私たちにとって本当に可能ないかなる自由も――私たちが現実に所有し行使する自由だが――、行為を通して行使できるものでなければならない。それで、エクササイズ・プロブレムが生じるのである。自由意志説は、自由とランダムを混同しているように見えるだけではない。それは、自由を、どのように行為するかを通して私たちには行使できないものにしてしまうように思える。しかし、本当の自由は、つまり私たちがもっている自由は、どのように行為するかを通して行使できるものでなければならない。

この点で、なかには本当に問題があるのか怪しむ哲学者もいるかもしれない。彼らはホッブズとともに、すべての行為は、先行する原因の結果として、たとえば欲求の結果として生じる必要があると考えたがっている。だが、そのように考えることによって、彼らは、ある区別をしなければならないと主張する。行為の自由を取り去ってしまうのは、行為に先行する原因それ自体ではなく、その因果的決定なのである。私たちの自由は、たんなる先行する原因によって取り除かれるのではなく、現実にその結果が生じなければならないことを決定する先行原因――その原因が私たちを差し向けた行為以外の行為をする機会を残さないような先行する原因――によって取り除かれてしまうのである。だが、因果的影響には程度があるのも確かである。ある原因は、その結果が必ず生じると決定するかもしれない。またほかのものはそれほど強力ではないかもしれない。それらは、その結果が生じなければならないと決定することなく、その結果が生じるかどうかにたんに影響を与えるだけかもしれない。その結果が生じない可能性を残す原因があるかもしれない。

たとえば、癌《がん》の原因として喫煙を取り上げよう。ある場合には、喫煙によって、癌になることが因果的に決定されてしまう人もいるだろう。その場合に彼らが喫煙したならば、彼らが癌から逃れることはない。だが、このことが正しいなどと確実にはわからないだろう。喫煙がしばしば癌を引き起こすことは完全にありうることだ。だが、癌が生じるということを現実に保証するものではない。喫煙は、癌が生じる可能性を著しく高めるかもしれない。だが、この可能性が確実性にまで高められる必要はない。癌が生じない可能性はまだあるのだ。もちろん、癌が結果的に引き起こされるかもしれない。しかし、それは決定されることはないだろう。

決定してしまうことなくたんに影響を与える原因は、しばしば蓋然的原因と呼ばれる。それは、結果が生じることを現実には確証せずに、結果にいくらかの蓋然性を与えるだけである。もしも私たちが、異なった種類の原因を区別するならば、自由意志説の自由は、行為のホッブズ的考えと完全に整合的であることがわかると主張されるだろう。行為が要求するものは、それが先行する欲求の結果であるということである。だが欲求は、どのように私たちが行為するかを現実に決定する必要はない。欲求は、私たちがどの行為をするかにたんに影響を与えるだけなのである。原因として、それらは決定するよりもむしろ蓋然的なのである。

だが、決定することと蓋然的原因であるということの区別は実際には役に立たない。行為と自由意志説の自由の対立は、それほどたやすく解消されるものではない。その理由は理解しやすい。確かに、自由意志説の自由は、もしも行為の原因による影響が十分に弱く、結果的にその原因が、私たちがすることを実際には決定することなく、影響を与えるだけならば、行為が先行する自由にならない原因をもつことと、厳密には整合的である。だが、この因果的影響は、それが実際には自由意志説の自由を取り除かないとしても、それでもなお、脅かしはするのである。この因果的影響――ある行為を私たち自身の考えによる行為にするものだとまさに考えられている影響――が十分に増えると、そのとき自由意志説の自由は取り除かれてしまうのである。

このことは、もしも行為を本物の行為にするものをさらに付け加えるならば――もしも私たちが先行する欲求の因果的影響を増大させるならば――、自由がなくなることを意味している。そして確かにこれは耐え難いことだろう。行為を実際に行為にするもの、そして自由を行使するためのまさしく媒体として行為を構成するものが、同時に自由に脅威を与えるものであることは耐え難いことだろう。もしも自由が可能ならば、行為にまさしくその行為らしさを与えるものが制限されなければならないことは耐え難いことだろう。自由は、どのように私たちが行為するかを通して行使されるものである。それゆえ、自由は、まさに行為の本性によって脅かされるものではありえないはずなのである。

だから、問題は、自由な行為が原因をもつことができないということではない。先行する原因が行為を決定してしまうのでなければ、自由な行為が原因をもちうることを自由意志説さえ認めるのである。むしろ問題は、ホッブズが想定したように、先行する原因の結果であるということが、行為を行為にするものであるならば、まさしく行為の行為らしさと言えるものが、自由を脅かす一種の因果的影響から生じる――それは、自由が可能ならば制限されなければならない――ということなのである。自由意志説の自由は、行為の本性によって脅かされるものとして残される。自由に対するそのような脅威は不合理である。自由は、行為の能力が、私たちに行使させるものである。その結果、同じその能力が、自由をその本性によって脅かし、自由と調和しないことはもっともらしくない。

エクササイズ・プロブレムは深刻に見える。しかし、多くの問題と同じように、それには二つ以上の解決方法がある。もちろん私たちは、自由についての自由意志説的な概念を放棄することで、その問題を解決できる。私たちは、ホッブズに従って、自由を自発性の一形態、つまり望んだり求めたりするように行為する能力と同じものと考えることができる。そして確かにこうすると、自由と行為のあいだにある緊張は解消されるだろう。対立するどころか、自由と行為の能力は、ほとんど同じものになる。いずれも、同じ一般的な能力、つまり自発性の能力で説明されるだろう。

だが、なぜ自由意志説の自由が放棄されるべきなのだろうか。むしろ、そのような問題を引き起こしているホッブズ的な行為の概念が放棄されるべきではないのだろうか。結局のところ、常識は行為を自発性——先行する欲求にもとづくといったような、先行する動機の結果として私たちが行うこと——に制限していないことを私たちはすでに見てきた。意志にもとづいた伝統的な理論のように、常識は、行為に先行する動機それ自体も含めるように拡大して考える。そういった動機は、道を渡るといったような自発的に私たちがする多くの事柄の基礎となる、先行する決心や意図の形成のような動機なのである。こういった動機づけとなる決心は、それら自体は決心の結果でなかったり、決心しようとする欲求でなかったりしても、行為として考えられるのである。実際に、こういった決心は、完全に引き起こされたものでないときでさえ——まったく何らかの結果であることなく——少なくとも原理的には生じうるのだと、私は論じたい。

決心において、私たちは本物の行為――本物の目的の方向づけ――を、しかも先行する原因から完全に独立した形態で見いだすかもしれない。そのとき、決心は、そのように決心するように私たちを差し向けるような先行する欲求なしに、本物の目的の方向づけとして考えられるかもしれない。その場合には、自由意志説の自由と行為の緊張は消え去るだろう。行為の本性は、もはや、自由意志説の自由を脅かす言葉で説明されることはないだろう。

ランダム・プロブレムとエクササイズ・プロブレムの比較

自由意志説に敵対する者は、自由意志説が自由についての整合的ではない理論だと言う。だが、この主張をなす二つの別々の根拠が実際にはあるということを思い出そう。自由意志説の敵対者は、まずランダム・プロブレムに訴えることができる。彼らは、自由意志説が、自由をたんなる偶然にしてしまうと主張できるだろう。あるいはエクササイズ・プロブレムに訴えることもできる。彼らは、自由意志説が、行為から自由の行使を引き離してしまうと主張できるだろう。彼らは、自由意志説が、私たちが行うものを本当に目的をもった理解可能な行為にするものから、自由の行使を引き離すことによって、その自由の行使を何かでたらめで、動機づけられないものにしてしまうと主張できるだろう。これらの非難は、まったく異なる二つのものである。これらは、かなり異なった仕方で答えられなければならない非難なのである。

自由意志説が自由とランダムを混同しているという批判に応えるためには、自由意志説の自由がたんなる偶然以上のものを含んでいるということを、つまり、先行する因果的決定のたんなる欠如以上のものを含んでいるということを確立する必要があるだろう。第二の批判に応えるためには、本当に目標に向けられていて、考えぬかれたものであることが理解できるにもかかわらず、因果的に引き起こされたのではない行為があるということを確立する必要があるだろう。そしてもちろん、一方を確立することなく、他方を示すことはできるだろう。たとえば、完全に何かに引き起こされたものではない決心さえ、本物の目標に向けられた行為だと示すことができるかもしれない。だが、そうだとしても引き起こされたのではないものとして、あるいは少なくとも因果的に決定されていないものとして、これらの決心がランダムになされる——決定されていないものとして、それらの出来事は、偶然以上のものを何も含んでいない——という可能性は残るだろう。私たちは、自由意志説が自由と呼んでいるものがどのようにしてたんなる偶然以上のものであるのかを説明しなければならないだろう。

自由意志説の自由の可能性そのものが、脅威にさらされている。エクササイズ・プロブレムの脅威がある。自由意志説の自由は、それが行使されるまさにその行為の本性と争うように思える。そしてランダム・プロブレムがある。自由意志説の自由は、たんなる偶然にされてしまうおそれがある。あるいはそのように言われている。これらの批判が実際のところどれほど深刻なものであるのかということはそれほど明らかではない。次の二つの章では、それらを解決するつもりである。エクササイズ・プロブレムを最初に取り上げ、それからランダム・プロブレムへと向かおう。

第7章　自己決定と意志

エクササイズ・プロブレムを解決する

最後の二章では、自由意志説を擁護するつもりである。この二章の中で、私は、自由意志説の自由の可能性に対する反論に答えようと思う。この章では、エクササイズ・プロブレムについて取り上げる。

繰り返しになるが、エクササイズ・プロブレムは、ホッブズの行為理論にもとづいている。ホッブズは、行為を、ある種の結果であると理解した。行為は、欲求や私たちにはコントロールできない先行する出来事の結果なのである。そこで、このような欲求の因果的な力が、私たちの行為の能力を構成すると考えられる。しかし、私たちが何をするかを決心する欲求の因果的な力は、同時に、自由意志説が理解するような自由を脅かすことになる。もし、この因果的な力が十分に大きければ、自由は取り除かれる。そこで、自由意志説を唱える人が考えるように、自由であるためには、この因果的な力を制限すること、言い換えれば、行為を本物の行為にするものの制限が必要となる。したがって、自由意志説への反論は、次のようなものであった。すなわち、本来の意味で自由を捉えるならば、どのようにして自由は、行為それ自体の性質によって脅かされるようなものになるのか、というものである。もし、私たちの自由が、私たちのすることを通じて行使されるのであれば、自由は、それをするという私たち自身の能力と矛盾するはずはない。自由意志説者は、自由が何を含意するかについて、確かに誤解してきたということになるだろう。

自由意志説への反論は以上のようなものである。それに答えるために、私たちは、ホッブズの行為理論を置き換える必要がある。そして、この置き換えが、この章の目的である。つまり、ホッブズの行為理論を、自由意志説にとってより好ましいというだけでなく、行為それ自体についてのよりよい説明を与えるような、新しい理論に置き換えたい。その理論は、行為や、非常に多くの行為に含まれている意思決定について、私たちが日常的に信じているものにいっそう忠実なものになるだろう。

自発性なしの行為

ホッブズは、行為を、一種の結果、先行する欲求の結果であると考える。では、行為が何であるかについて、ホッブズとは別の理解の仕方、つまり行為が引き起こされずに生じることを可能にするような理解の仕方はないのだろうか。そのようなものがあるはずだと私は考える。なぜなら、私たちは、行為が引き起こされずに生じることもあると信じることが自然だからである。私たちは、私たち自身の決心について、この可能性を認めているのである。

ある午後、私が散歩中の一休みから立ち上がり、川沿いに座ったままでいたり家に帰ったりするよりも、散歩を続けようと心を固めたとしよう。散歩を続けようという決心は、私自身の決心であり、私が十分に考えて行った決心である。それゆえ、この決心は私自身の行いであり、私の行為である。しかし、その決心が私自身の行為であるからといって、それが何らかの仕方で引き起こされたと思う必要はない。とりわけ、決心が、先行する欲求の因果的な影響力によって、私に押しつけられたもののように思う必要はないのである。

私のほうでは、その決心の瞬間まで、散歩を続けるという、感知できるような欲求が何であれ存在する必要はない。決心に先行して、私に特定の選択肢を決定するようにさせたり駆り立てたりするような情念や傾向があるという証拠や手がかりが存在する必要はない。そして私が考えるに、その理由は、まさしくそのような先行する欲求が存在する必要がなかったからである。ときには、ある決定をするよう私に強いるような欲求や受動的動機が存在することなしに、私たちはあることをすると決心することもできるのである。

どんな決心をどのようにするかは、実際、私たち自身がすることである。決心は、感情のように、私たちに立ち現れる受動的な出来事ではない。このことは、日常生活において、私たちが深く確信していることだろう。しかし、この確信は、欲求のように決心が引き起こされるという信念にもとづいていないことは確かである。私がちょうど何かしようと決心し、そして私がそう決心するようにさせる、先行する欲求なしにその決心をしているとしてみよう。いずれにしろ、そのような欲求があるという独立した証拠はない。私がその特定の決心をするということは、それでも私自身が考えぬいた意図的な行いではありえないのだろうか。私を何らかの決定へと駆り立てる欲求がないように見えるということによって、私は、その決心が本当に私自身のしたこと——私自身が考えぬいて行った決心——であるかどうかを疑うことになるのだろうか。そのような根拠による疑いは、不合理だと思われる。そして、そのような欲求が現れているとしても、それは、私自身の決心が実際に私自身の行いであるという私の信念にとって、けっして本質的ではないように思われる。私自身の決心が私自身の行いであるのは、ただたんに、決心が私の決心だからであって、その決心がもつような先行する原因のためではないのである。

もしもこのことが正しければ、決心は、欲求によって引き起こされるかどうかにかかわらず、それ自体が一種の心の出来事であることによって行為となる。しかし、このことはどのようにして可能なのだろうか。

行為とは何を含んでいるのだろうか。私が主張してきたように、行為がまさに含んでいるものの一つで、行為を本物の行為にするものは、目的があることである。ある目的のために、ある目標に対する手段として物事を行うことが、行為のうちには含まれていなければならない。そして、どのような本物の行為も、ある目的のためになされることとして理解される。それでは、この目的性というものは、何に由来するのだろうか。

明らかに自発的である行為の場合——明らかに、先行する欲求や、そういった行為を遂行する決心にもとづいて遂行される行為の場合——、この目的の方向性は外側から、つまり行為を引き起こした先行する動機から生じるように思われる。目的の方向性は、先行する動機の対象から、つまり動機がまさしく動機となるものから生じる。私が考えて意図的に道路を横断するとき、私は、先行する、横断しようという欲求ないし決心にもとづいて横断しているはずだということは明らかである。そして同じく明らかなように、横断するときの私の目標ないし目的は、同じ欲求や決心といった原因に由来するはずである。私の目的は、同じく先行する動機の対象、つまり道路を横断するときに私が欲し、意図したことに由来するはずなのである。

しかし、決心それ自体が関わるところでは、以上のことがあてはまるかどうかはあまり明らかではない。私が散歩を続けようと決心するとき、私がこの決心をするということは、明らかに私自身の、考えられた行いであるように思われる。そしてそのようなものとして、少なくともある目的のために、私はその決心をしているように思われる。決心は、ある特定の目標を達成するように意図されている。散歩を続けようと決心するとき、私は少なくともこの目的をもっている。それは、この決心の結果として、私が散歩を続けるということなのである。まさしくそういう理由で、私たちはどの行為が遂行されるべきかを決心するのである。私たちは、決心した行為を遂行することを確かなものにすることによって、どのように行為するかを決めるという決心をするのである。散歩を続けると決心するときの私の目的によって、まさに、散歩を続けるということが結局私の行ったことであるということが確かなものになるのである。

私の決心に含まれているこの目標は、先行する原因に由来するようには思えない。たとえば、この目標が、先行する欲求から来るようにはけっして思えない。むしろ、目標は、決心それ自体の本性から生じる。目標は、決心が動機として本来もっている対象に由来する。つまり、目標は、その決心で行おうとするものに由来するのである。決心の目標は、決心が動機づけ、そしてその決心で遂行しようとする自発的な行為を遂行することである。決心の目標への方向性——まさに、行為にとって根本的な特徴である目標の方向性——は、その決心の中に含まれているものである。そしてこのことは、行為が含意しているもの、そして出来事をでたらめの出来事ではなく、本物の目標に方向づけられた行為とするものを理解するための手がかりとなる。

実践理性にもとづく行為のモデル

その場合、自発性にもとづくホッブズのモデルとはきわめて異なった、意図的な行為についての考え方が機能する。この機能しているものを、私は実践理性にもとづく行為理論と呼びたい。

これまで見てきたように、私たちには、人間として実践理性という能力がある。私たちは、どの行為を遂行するかを考え推論することができ、また、この推論にもとづいて、どのように行為するかを決心することができる。もしかすると、行為は、この実践理性という能力の観点から理解できるかもしれない。ホッブズ哲学の観点から、行為を先行する動機の自発的な結果として理解するよりもむしろ、私たちは、実践理性にもとづく観点から、行為を理解することができる。この新しい見方では、行為を遂行することは、私たちの合理性や理性能力を行使すること——ただし、実践的な仕方で、あるいは行為を構成する仕方で行使することである。

この考え方では、散歩に行くと決心することは、意図的な行為だとみなされる。しかしそれは、それをしようという先行する欲求の結果として、私たちが自発的に行うものであったりなかったりするからではなくて、私たちの合理性の能力が特別に行使されること、またとりわけそれが実践的に行使されることとして、そのような決心が生じるからなのである。

決心することは、何によって、実践的で行為を構成するような合理性の行使となるのだろうか。決心とはどのようなものだったかを思い出してみよう。散歩に行くと決心するとき、私は自分の理性能力を行使している。つまり、散歩に行くと決心するとき、決められたとおりに行為するための理由に対し、うまく反応していることもあれば下手に反応していることもある。そして、状況に応じて、私の決心を、賢明だとか馬鹿げたものだと評価することもできる。さて、私がある決心をするとき、理性を行使するこの特定の仕方は、実践的であり行為を構成するものである。なぜなら、その仕方には、行為の顕著な特徴であると私が論じたものが含まれているからである。そして、その行為の顕著な特徴が、目標の方向性なのである。

決心が何によって理にかなった、合理的なものになるかを考えるとき、私たちは、どのようにして決心が目標に方向づけられたものになるのかを見ることができる。もしも散歩に行くという私の決心が合理的であるならば、まず第一に、散歩に行くということが、実際に望ましいことでなければならない。何かをするという決心の合理性は、つねに、決められた行為が実際によい考えであること、つまり行うに望ましいということにもとづいている。しかし、それだけでは十分ではない。さらに、散歩に行くという決心には、私が実際に散歩に行くことを保証するような見込みが十分になければならない。だからこそ、賢明で合理的な人は、彼らの決心がはっきりと影響を及ぼさないような問題について、決心することなどないのである。決心の機能が、その決心の達成に至るということである以上、決心の達成の見込みがないということは、その決心をしないことの決定的な根拠になる。私は、老後を何もしないで過ごすのではなく、有益で面白いことをして過ごすことを合理的に欲したり、望んだりすることができる。しかし、その決心が何の効果もないのであれば、老後を有益に過ごすと私が決心することには意味がない。たとえば、長い時間がたったとして、今下した私の決心が、老後における私の動機にとってまったく重要でなければ、今の私の決心には意味がないのである。

　決心を、かなり違った種類の動機、つまり直観的には受動的で、普通私たちが自己決定の行為であるとみなさないような動機と比較してみよう。もしくは、決心を、たんなる欲求や願望と比較してみよう。欲求や願望は、確かに決心とは違って、目標に方向づけられてはいない。欲求や願望は、欲求の対象が得られること、私たちが望むことが実現することを保証するという目的を伴って作られるわけではない。そして、私たちは、欲求がなぜこの意味で決心と異なるかを説明することができる。欲求や願望が合理的であるためには、その対象、つまり望まれたり求められたりしているものが、実際によいもの、望ましいものであるだけで十分である。もしこの条件が満たされるなら、欲求が実際に望まれるものを生じさせるかどうか、欲求がその対象を実現させる見込みがあるかどうかは、問題ではない。もしかすると、私たちが起こってほしいと望むものが実際に起こるかもしれないが、それは、それが起こってほしいと私たちが望んだり、それが起こると確信しているという事実とは独立に起こるかもしれない。おそらく、遠隔地にいるサポーターとして、私のささやかな願望が結果に何か影響を及ぼすなどという幻想を抱いていないときでも、私は、イングランドが優勝することを望むだろう。それでも、その望みが結果に何ら影響を及ぼさないということは問題ではないのである。もし、私が欲することが本当に望ましいものであり、起こることがよいことならば、ただそれを根拠に、それが起こるように私が望むことは、完全に理にかなったことである。少なくとも私の立場からすれば、イングランドが優勝することがとても望ましいのであれば、イングランドの優勝は、私が生じるようにと望むことが理にかなったものなのだ。

実際には、完全に分別のある人は、何かが生じるようにと望むだけでなく、彼ら自身の個人的な願望とはまったく無関係に、それが生じるように望むかもしれない。分別のある人が望むものの望ましさは、彼らが望むからではなく、それがただ起こるべきことであるということに完全にもとづいているかもしれない。私は、成長した息子や娘に正しいことをしてほしいと心から望むだろう。しかし、彼らが完全に自分自身で正しいことをしてほしいと思うのは、彼らが自分自身で私の影響を受けることなく、何をするべきかを決心するからである。彼らが最終的に何をするとしても、彼らが確実にそれを自分の意志でするであろうこと、彼らが私とはまったく独立にそれをするであろうことを、私が十分に期待し、確かに確信しているとしよう。そうだとしても、それによって、彼らに正しいことをしてほしいと私が思うことが、不合理なものになるわけではない。そのような状況において、私が、彼らが正しいことをするように決心することなど合理的にできることではない。

その理由は、決心が、目標をともなう行為だからである。決心は、その対象つまり目標として決められた自発的行為に向けられる合理性の行使であり、その目標は、合理性の行使によって成就、達成されるべきものである。そして、この合理性の行使によって、決心は、目標を方向づけられた行為になるとともに、その決心の合理性は、行為が達成される見込みに依存する。そして、私の子どもの事例に関するかぎり、私は、子どもがするであろうことに対し、私が決心することが、何ら影響を及ぼさないことを知っている。それゆえ、私の子どもがするであろうことを決心することは、意味がないのである。

決心とは、対象をもった動機である。決心とは、何かをするという決心である。しかし、決心は、普通の動機ではない。決心は、普通の欲求とは大きく異なる。そしてその理由は、決心がその対象と関わる関係は、行為がその対象とかかわる関係と同じだからである。決心はその対象——するように決心されるもの——と、達成すると考えられている目標に対するかのように関係している。このことを示しているのは、そうした決心が特定の原因をもつという事実ではなく、それとはまったく別のことである。この点を示しているのは、決心の合理性が決定される仕方である——それは、対象の望ましさだけではなく、その対象を達成するのに実際に役立つ決心の見込みにもとづく仕方なのである。

欲求もまた、目的を方向づけられた動機である。欲求はつねに、何かが起こってほしいという欲求である。しかし、欲求は、本来は実践的なものではない。欲求は、何か望ましいものとしての対象に向けられるだけだが、その対象は、行為によって達成されるべき目標ではない。だから、出来事が生じてほしいというだけの合理性は、欲求が、その出来事を生じさせることができることとは関係がない。私は、自分の望むものが、実際にイングランドが優勝するかどうかに何ら影響を及ぼさないとはっきりわかっているにもかかわらず、分別をもってイングランドが優勝してほしいと思うことができる。逆に、この信念によって、明らかに私にできないことは、イングランドが優勝すると決心することなのである。

約束したように、私たちは、自発性ではなく、実践理性にもとづく意図的な行為のモデルに到達した。実践理性にもとづくモデルは、意図的な行為を、先行する欲求の自発的な結果ではなく、理性を実践的に行使することだと特徴づける。そこで、行為が完全に適切にとることのできる形式の一つは、理性に反応し、理性が適用できるような動機を形成することであり、それが行為を決心することなのである。決心は、自発的ではないときもある。しかしそれでも、決心は、決められた行為で対象と実践的に関わることができ、他の行為と同様、達成しようと決心がなされた目標としての対象と関わるのである。

もはや私たちは、ある種の結果としてではなく、むしろ理性を行使する一つの様式として、行為を特徴づけようとしている。行為の目安となるのは、ある特別な種類の原因なのではなく、特別な種類の合理性なのである。

ホッブズの行為理論によれば、すべての行為は、外側から、つまり受動的に動機となる原因として の先行する欲求がもつ内容から、その目的を獲得する。ホッブズは、先行する原因とは独立して内側から、行為がその目標の方向性を獲得することを否定する。ホッブズの考えでは、行為そのものの性質上、行為が目標の方向性をもつことが否定される。しかし、私たちが、いったん行為主体性を実践理性の観点から理解すると、問題は大きく変わってくる。いまや、考えぬかれた行為は、先行する欲求からではなく決心自体の対象から、一種の自発的ではない動機として、つまり内側から目標の方向性を得る行為の決心として生じるのだ。こういった決心や意図の形成といった、本質的に目標を方向づけられた行為は、それが動機づけたり説明したりする後続する自発的行為に対して、目的の方向性を指し示す。新聞を売っている人にたどり着こうと私が決心することで、私は、道路を横断するように動機づけられる。そして、その決心がもつ対象や、新聞を売っている人にたどり着くという目標は、その決心が動機づけるところの、道路を横断するという自発的な行為によって共有される。そしてこのことが意味しているのは、あらゆる段階において私が行うことの背後にある目標は、運命によって私に押しつけられる受動的欲求ではなく、まさに私自身の行いから出てくるということである。私が追求する目標は、それを追求しようという私自身の決心によって生み出される。私は、自分の狙いや目的の自由な創造者となれるのである。

その結果として、行為の目標の方向性は、欲求のような受動的動機から切り離される。もはや私たちは、行為の目的や目標を見いだすために、先行する欲求に訴える必要はない。私たちの行為が向けられる目標は、私たち自身が、自由で能動的に決心するものを単純に反映させたものなのである。

これまで見てきたように、伝統的な道徳理論では、私たちは、自分の目標や目的の自由な創造主と見られていた。この説では、私たちが自発的に生み出す結果だけではなく、自分の目標や目的に対して、私たちは道徳責任をもつと考えられている。そして常識においても、同じように考えられている。人々を責めたり、責任があると考えるのは、たんにその人が利己的であること、つまり、たんにその人にとっての利益のみを目指し、他の人の利益を目指さないことに対してである。実践理性にもとづく行為理論は、この道徳的な直観を支持する。実践理性にもとづく行為理論は、どのようにして私たちの目標や目的が、欲求によって私たちに押しつけられるものではなく、私たち自身が決めたことであるのかを説明してくれるのである。

私たちは、ホッブズの考えのインパクトがどれほど大きなものだったかを見てきた。また私たちは、自由について基本的には自由意志説者であったカントでさえも、私たちが、自由や自由な行為について理論的な知識をもつことができないという考え方に後退したことについて見てきた。しかし、注意しなければならないのは、カントはそれでも、行為や、その目的の方向性を、ホッブズ以前の伝統的な観点から考えていたということである。カントによれば、私たちに自由に採用される。私たちの目標は、「自然」によって、すなわち、受動的な動機の因果的な影響力によって、私たちに押しつけられるのではないのである。

目標とは、自由な選択の対象である。その自由が表れることで、行為に対して目標が定められる。対象は、その行為によってもたらされる。それゆえ、あらゆる行為には、その目標があり、みずから選択の対象を目標とすることなしに目標をもつことができない以上、何であれ行為の目標をもつことは、自然の結果ではなくて、行為する主体にとっての自由の作用なのである。[*1]

カントの立場は実際にはこのようなものである。自由な行為には、私たちが目標ないし狙いを最初に自由に採用することが含まれている。自発的な行為における自由は、この目標を採用するという先行する自由に由来する。なぜなら、「(自発的行為が目標にし、決心する)対象がもたらされる」のは、目標を自由に採用すること、つまり自由な意思決定を通してだからである。

実践理性にもとづく自由の概念により、私たちは、自由な行為についてのカントの概念の正しさを擁護することができる。しかし、だからといって、私たちが自分の自由を行使するところの行為が、カントが思っていたように、何か理論的に認識できないものである必要はない。実践理性にもとづく点から考えられた行為には、認識不可能で、形而上学的に謎めいたものは何もない。私たちは、行為がどのようなものであるのかを理解している人に共通して所有されている行為の合理性についての明らかに正しい要求に頼っているだけである。行為とは、目標に方向づけられた出来事である。そして、行為を目標に方向づけられた出来事とするのは、分別のあるものだと考えられようと愚かなものだと考えられようとも、行為の合理性が、その対象を本物の目標――行為が達成すると考えられているもの――にするような仕方で、その対象に依存することなのである。ある出来事が行為となるのは、出来事が対象をもつ場合であり、そして、出来事の合理性が、対象が望ましいものであること、そして出来事が起こることで、その対象が十分に達成される見込みがあるということに依存している場合である。そして、決心はこのモデルに適合する。だから、決心は行為なのである。

私たちは、エクササイズ・プロブレムに対する解決策を手にしている。つまり、自由意志説の自由を、少なくとも首尾一貫した候補として残すという解決策である。実践理性にもとづくモデルのおかげで、もはや私たちは、自由意志説の自由と整合しないような言葉で、行為やその目標の方向性を特徴づけなくてもよい。行為は、行為者の行いではない受動的で自由を脅かす因果的な力によって構成されるものではない。行為者がそれを目指す目標は、外側から受動的に、それゆえ行為者自身の自由を脅かす仕方で、行為者に押しつけられたものではない。むしろ、こうした目標は、行為者自身の行為、まったく引き起こされたものではない行為を通じて決心されることもあるのである。そこでもしも、自由意志説が考えるように、自由であるためには、先行する欲求による行為への因果的な影響に制限を加えなければならないとしても、そのことはけっして、意図的な行為や、それを構成するものから自由を切り離すことはない。というのも、私たちの行為に理解可能性や目的の方向性を与え、それによって、自由をもたらすものとして私たちの行為を構成するような動機は、私たちの欲求ではなく、それ自体自由な行為として生じることのできる、私たち自身の決心だからである。そして、全体として私たちの行為の自由は、まさに、自ら動機づけるという行為の自由に由来するのである。

自由意志説が言う意志の自由の存在を信じる人は、人間本性の考え方についてひどく非現実的であると、しばしば批判される。彼らは、完全な自己創造者としての自由な行為者――特定の自由な行為に対してのみならず、自由な行為が依存するものすべてに対して責任があるような行為者――という、熱にうかされた幻想を信じているとして、しばしば非難される。しかし、こうしたことは、私が今ここで主張していることではない。自由な行為を遂行することは、健全な考え方では、私たちがあらかじめ自由に行為する能力をもっているということにもとづいているはずである。そしてそれは、私たちに与えられたものであり、それ自体私たち自身がしたことであったり、私たち自身の責任ではありえないような能力である。そして、自由意志説者は、それ以外の想定をする必要もない。

この自由に行為する能力は、とりわけ、ありそうなさまざまな目標を概念的に把握したり理解したりすることを含んでいるが、この理解は、それ自体受動的に与えられるものであり、自由な行為者自身の行いではない。行為者の自由が関係しはじめるのは、目標の理解が生じてからである。少なくとも直接的には、この自由は、ありうる目標のなかからどれを行為者が目指し、意図するのか――たとえば、散歩を続けるか、その代わりに今いる場所にとどまるのか――について決心することに対するコントロールにある。

この自由を行使するための媒体としての行為――あることではなく別のことを行うという決心を構成するような行為――は、受動的な因果性に訴えることなしに特徴づけられなければならない。もしも自由意志説が整合的であると示されるならば、行為者は、ある選択肢に先行する欲求によって決定させられずに、その選択肢を選ばないよりむしろ選ぶように決心することができるはずである。彼の行為を本物の行為にするもの――行為が向けられる特定の目標であり、その決心の内容――は、自由意志説の観点でほかの仕方で行為する自由を取り除く方向に向かうような因果的影響力に由来することはけっしてない。この行為を本物の行為にするものは、全面的に行為者自身の行いでなければならず、行為者が、その行為主体性の能力をどのように行使するかの結果でなければならないのであって、外側から行為者に押しつけられる、ある種の受動的衝動によって定められるようなものではけっしてないのである。これこそ、まさに自由意志説の自由が要求するような人間の行為、そして人間の選択という概念であり、実践理性にもとづくモデルがもたらす概念である。

近代の哲学者の多くは、すべての行為が、欲求、すなわち先行する受動的な動機によって引き起こされることがまったくもって明らかであるかのように言う。しかし、そのようなことは明らかではない。私が自発的に散歩を続けようと決心する場合のように、何かをすると動機づけられていることを支持する唯一の根拠は、しばしば、私たちが実際にそうしようと心を固めたことにある。しかし、心を固める前にも、私たちのうちに、そのことをするように私たちを押し出したり動かすような、先行する欲求が存在するという経験的な証拠は、何であれ存在する必要はない。それにもかかわらず、私たちは、そのような欲求によって行為するよう動かされているというのであれば、それは信仰の問題である。そしてこれは、私たちが採用する必要のない信仰なのである。

もしもこれまで私が言ってきたことが正しければ、それ自体一種の心理学的な出来事であることによって、決心は行為となるのであり、その決心に先行する原因によって行為となるのではない。しかし注意してほしいのは、私は、決心を含む行為が、偶然的な事実として、受動的な欲求に影響を受けることを否定してはいないことである。散歩を続けようと私が決心するとき、たとえば散歩を続けようという欲求や熱望によって、私が散歩させられるということは、確かにありうる。私の論点はこの可能性を否定することではなく、散歩を続けようと心を固めることは、その独自性や本性において、受動的な影響力に依存するものではないと主張することでしかない。散歩を続けようと心を固めることとは、少なくとも原理上は、そう行為したいという、先行する欲求によって行為するよう影響されたり行為させられたりすることなしに、することのできるものである。そして、もし引き起こされたのではない決心が、それ自体の性質上、完全かつ適切に行為となることができるのであれば、目的を方向づけられた行為のうちには、自由意志説の自由に対する脅威を構成するものは、まったく存在しない。エクササイズ・プロブレム、すなわち、どのようにして自由意志説の自由が、本物の行為として認識可能なものの中で行使されるのかという問題は、このようにして解決されたのである。

＊1　イマヌエル・カント、樽井正義・池尾恭一訳『人倫の形而上学』カント全集第一一巻、岩波書店、二〇〇二年、二四八頁。

第8章　自由と自然におけるその位置づけ

自由は因果的な能力か？

エクササイズ・プロブレムは、今や解決されたと言ってよいだろう。行為は、受動的な欲求の結果として、自由意志説の自由を脅かすものとしては、もはや理解されることはない。行為は、完全に引き起こされたのではない形態をとることができる。行為は、何らかの考えぬかれた本物の行為であることを弱めることなく、たんに引き起こされたのではない決心として生じることができる。だが、ランダム・プロブレムはまだ残っている。私たちの決定は、明確な目標に向けられていたとしても、引き起こされていないものとして、あるいは因果的に決定されていないものとして、たんなる偶然の出来事かもしれない。私たちが意図するものは、まだランダムなもので、本当のコントロールを行使したものではないかもしれない。私たちは、自由意志説が、因果的に決定されていない自由を、たんなる偶然の働きから区別できるということを示す必要がある。自由を、先行する出来事に決定されていないことと結びつけることによって、自由意志説は、同時にどのようにすればそれをランダムと同じものと考えずにすむかということを示さなければならない。

懐疑主義者によれば、自由意志説の自由は、ランダムでしかないということを思い出そう。というのも、二つの選択肢しかないからである。行為が因果的に前もって決定されているか——自由意志説はそれが自由を排除すると主張している——、その出来事が前もって決定されていないということにより、偶然によって生じているのでなければならないか、のどちらかである。どちらの場合でも、本当の自由が排除されると、懐疑主義者は主張するだろう。中間の道などないのだ。

私はすでに、なぜこのことを前提する必要があるのかという疑問を提示した。出来事が因果的には決定されていないが、純粋な偶然やランダムによって生じるのではなく、私たちの自由の行使を通して生じるという、第三の可能性がある。その出来事は因果的に決定されていないが、純粋な偶然によって生じているわけではない。なぜなら、私たちはそれが生じるかどうかをコントロールしているからだ。そのとき、私たちは因果的に決定されていない二種類の出来事を区別しなければならない。ただたんに因果的に決定されていない出来事がある。こういった出来事は、それがたんなる偶然によって生じるという点で、本物のランダムによるものだろう。明らかに、こういった出来事の場合、その出来事にはいかなる自由の関わりも排除されるだろう。だが、因果的に決定されていないが、それでもコントロールされている出来事がある。これはたんなる偶然やランダムではない。なぜならそれ以上のものが関わっているからだ。そしてそのそれ以上の何かが、自由の行使である。行為者は、その出来事が生じるかどうかをコントロールしているのである。

実際のところ、この第三かつ最後の可能性——出来事は因果的に決定されていないがコントロールされているということ——を人が排除したがる重要な理由がある。これから見るように、もし私たちが一つの重大な想定をするならば、この最後の可能性は除外される。そして、ランダム・プロブレムを生み出したのは、まさしくこの想定なのである。そこで、この想定に何が関わっているか、そしてなぜ人がそのように想定するかについて、少しばかり話すことにしよう。

明らかに自由——どのように行為するかをコントロールする能力——は、一種の能力である。結局のところ、自由は行為の仕方を私たち次第のものにする。自由は、よくそう言う人がいるように、行為の仕方を「私たちの能力の中」のものにする。行為のコントロールとはまさしく次のようなものである。つまり、行為や出来事の決定能力は、どのように行為するかを決定するためにもっている能力だということである。

だから自由は、出来事を決定する一種の能力なのである。ある出来事が起こるか起こらないかを決定する能力なのである。自由は、私たち人間のような合理的な存在者だけがもっていて、行為を通して——私たちがどのように行為するかを通して——行使されるように思われる特別な能力なのである。自由は、どの行為を私たちが遂行するかを決める能力である。このとき、どのようにこの能力が自然の内部にあるほかの能力と関係しているのかという問題が生じる。

というのも、より広い自然には別の能力も見いだされるからである。それは、人間のような合理的な行為者だけに所有されている能力ではなく、棒きれや石ころのような命のない物体でさえ所有している能力である。その能力は、因果能力である。つまり、結果を生み出す能力である。この能力が重要な仕方で自由と関係していることは疑いない。というのも、自由は、確かに因果性を通して拡張される能力である。因果能力をすでに存在している自由やコントロールに付け加えることによって、あなたはさらなるコントロールを手に入れるだろう。私が、スイッチを押すかどうかというような、ある行為を遂行するかしないかをすでにコントロールしているとしてみよう。このとき、この行為の因果能力を通して、つまりその生じうる結果を通して、私のコントロールはさらに拡大するだろう。おそらく、スイッチを押すことによって、照明が点いたり消えたりするだろう。その場合に、照明に影響を与えるこの能力をもつ行為のおかげで、私がスイッチを押すかどうかをコントロールすることは、私に照明をつけるかどうかのコントロールも与えることだろう。私がすでにコントロールしている行為の因果能力のおかげで、その行為を遂行することが影響するあらゆるものを、私はコントロールすることができるようになるのである。

自由と因果性の関係がさらに密接になると考えることは魅力的である。おそらく自由は因果性を通して拡大されるだけではない。自由は因果性の一種かもしれない。その場合、自由の行使は、はじめから結果の産出だけにあるということになる。私たちがコントロールを行使するあらゆる出来事も、私たちが引き起こした結果として生じなければならない。この場合、世界には、二つではなく、たった一つの出来事を決定する能力しかないということを意味している。単純に因果能力があるだけで、人間の自由は、その一例でしかないのである。

私たちはこの考えがどれほど満足できるものであるのかを理解することができる。それは、世界についての理論を生み出すときに、単純な理論を作るという深く浸透している要求に訴えるだろう。私たちは、できるだけ少ない用語で、できるだけ多くのことを説明したがる。私たちは、世界の中にある明らかに豊かな種類の物事と現象を、できるだけ少ない根本的な要素——そこから豊かで複雑な全体が作られることがどうにかして示されるような単純で経済的な一定の要素——に還元したがる。そういうわけで、自由と因果性という二つの別々の能力に見えるものを、自由がその一事例でしかないと判明するだろうような因果性というたった一つの根本的な能力に置き換えてはどうだろうかと考えられるのである。

この選択肢は、自由という考えが生み出すように見えるあらゆる困難と疑いを考えると、いっそう魅力的に思えるだろう。自由を、窓を壊す石の能力や水を沸騰させる火の能力のようなおなじみの能力でしかないということを明らかにすること以外に、この疑いや困難を解消するもっといい方法があるだろうか。

しかし、もしも私たちがこのように因果性と自由を同じものだとしてしまうと、因果的決定がされていないことと、たんなる偶然やランダムさによって行為が生じることを同じものだとする考えが生じるだろう。というのも、たんなる偶然やランダムは、因果的決定のまさしく欠如にほかならないからである。偶然やランダムは、因果的決定から生じるものであり、それ以外の何ものでもなく、コントロールのないことが含まれている。そして、もしもコントロールが一種の因果性——一種の因果的な能力——として行使されるだけならば、出来事が因果的に決定されていない、つまり何らかの因果的な能力によって決定されていない分だけ、その出来事はコントロールされることもないだろう。そしてそのことは、そういった因果的に決定もされておらずコントロールもされていない出来事が最終的に生じることを、たんなる偶然やランダムにたよるものにしてしまうだろう。

一方、自由が一種の因果能力だということは実際のところ明らかなことではない。結局、棒切れや石ころは、それら自体やそれに関係している出来事が結果を生み出すことができるとしても、自由をもっているわけではない。実際に、結果を生み出すことができる因果能力をもっているほとんどのものは、その能力がどのように行使されるかをコントロールできない。窓に向かって投げつけられた石は、窓を壊すかどうかをコントロールしたりしない。ある力で窓に向かって投げつけられたならば、結果はただ一つである。窓が割れるのだ。自由はそれとはまったく違うものである。自由やコントロールは、本質的に二つ以上の仕方で行使される能力だ。ある行為が生じるか生じないかを決定できるのだ。私たちはどれを行為するかをコントロールすることができる。一方、通常の原因は、どの結果を生み出すかはコントロールできない。

どのような見方であれ、自由を行使することは、ある行為が生じるかどうかを自分で決定することである。自由は決定する能力である。とはいえ、多くの哲学者たちはさらに前進する。彼らは、たんに決定することと因果的に決定することは同じでなければならないとさえ考えている。その場合、彼らの考えでは、因果的に決定されていないものは、私たちによっても決定されておらず、結果的に私たちがコントロールできないものになるのである。だが、この考えは、自由が因果的ではない能力である可能性を無視している。つまり、自由を行使するときに、私たちが因果的ではない仕方で――窓を壊すことを石が決定しているのとはまったく違う仕方で――決定しているという可能性を無視しているのである。

自然の単純性には明らかな限界がある。根本的な区別がなければならない。そうでなければ、すべてのものがまったく同じということになるだろうが、明らかにそれは事実ではない。類似を引き出すのと同じくらい違いも公正に扱わなければならない。私たちは通常、明らかに違うものが実際にはたった一つのものであり、同じものであるということをドラマチックに主張することによって、何かを説明しようとはしない。自由の能力と因果能力はこの適切な事例を提供してくれる。これら二つの能力はとても違うものに見える。そしてそれは、おそらくこの二つのものが実際に別のものだからである。

この点を強調することは重要であろう。というのも、英語圏の哲学の伝統は、このことを無視する傾向にあったからだ。この五〇年に、心と精神性が関わる事柄を、英語圏の哲学はとりわけ無視しがちだった。心は、とくに高度に発達した人間の心は、明らかに注目に値し、際立った事物である。心の中に、私たちは、より広い自然の中のほかのどのようなものとも違うように思える事物や現象を見つけることができる。私たちは意識を見いだし、知性を見いだし、合理性やほかの理性に応答する能力を見いだす。そして、私たちは自由を、意志をコントロールする能力を、さらに私たちの意志の決心に依存した自発的行為を見いだす。あるいはそのように私たちは考えている。しかし、この区別を認識し、評価するよりもむしろ、多くの哲学者は、この区別をたいへん厄介なものだと考えてきた。彼らは、トマス・ホッブズによって開拓された道を選んできた。それは自然主義の道であり、人間性とより広い自然の明らかな違いを否定し、なしにしてしまおうという試みである。

一つの選択肢は、自然主義的に消去してしまうという選択である。この選択肢は、意識、知性、合理性、自由のような事物が本当に存在しているということを、単純に否定するのである。だが、ほかのもう少し巧みな選択肢は、自然主義的に還元してしまうという選択である。この選択肢は、意識や知性や合理性や自由のようなものがそれぞれ実際に存在していることを認める。しかし、それは実際にはより広い自然の中にもっと一般的に見つけられる問題の少ないほかの事物の、特別な事例でしかないと理解しようとするのである。私たちは、これらの事物が関係しているあらゆるものを、ほかの言葉――より広い自然から借用され、私たちが特徴づけようとしている現象とは明らかに等しいわけではない言葉――で特徴づけようとすることになる。自由について言えば、その主張は次のようなものになる。自由とは、実際には一種の因果能力でしかないということだ。

両立可能説的自然主義と因果能力としての自由

自由を一種の因果能力として還元主義的に説明することは、独自の由来をもっている。その起源は、ホッブズ的な伝統にある。この種の自然主義的両立可能説者は、自由が何かについて別の言葉で説明し、自由を一種の因果性として考えることにとりわけ熱心だった。この種の両立可能説者は、自由――私たちが自分の行為に対してもっている能力――は、私たちの欲求の因果能力であると主張してきたのである。というのも、彼らは、ホッブズの行為理論を正しいものだと考えてきた。彼らは、行為を遂行することは、それをしたいという先行する欲求にもとづいて自発的に何かをすることでしかないと考えてきた。そしてこの欲求は、どう行為するかの、先行し完全に受動的な原因なのである。この場合、自由――私たちが行為に対してもっている能力――を、私たちを導く欲求や欲望の因果能力に還元してしまうことは魅力的である。そしてこの欲求は、私たちをマリオネットのように、それらが動機づけるものをうまくやってのけるように導くものなのである。なぜ自由というものを、この因果能力にしてしまってはいけないのだろうか。結局のところ、ホッブズ主義的な行為理論では、このまさしく因果能力の行使が、行為が関係しているすべてなのである。行為は、私たちがそれをしたがるという事実によって、したいものを行うように導かれることである。欲求が行うものに影響を与えないならば、行為は生じないのである。そのとき、自由はまったく行使できないのだ。私たちの欲求を満たすことへの障害は、まさしくその本性によって、自由の行使に対する障害なのである。それで、自由の行使を、純粋かつ単純に、障害なくその満足を引き起こすような欲求にあるものとして定義したらいいのではないだろうか。

だが、この両立可能説的還元は、まったく受け入れがたい。それは行為の常識的な考えと対立する。すでに見てきたように、常識的な考えによれば、行為全般を願望や欲求の結果として定義したりしない。目標に向けられた行為は、欲求や、行為に先行する何らかのほかの動機によって引き起こされる必要がない形態を完全にとることができる。目標に向けられた行為は、引き起こされたのではない行為をする決心という形態をとることができるのである。このことは、私たちが、満足しようとする欲求の能力として自由を定義しなくてもよいということを意味している。というのも、そのような欲求の満足への障害は、もはや行為の自由を脅かす障害である必要はない。私たちの欲求を満たすことを妨げるものは、私たち自身の考えぬいた決心以外の何ものでもない。たとえば、私たちのすべての欲求や欲望が私たちを差し向ける低次の行為を遂行しないという決心のようなものである。私たちの欲求を満たす障害となるものは、まさしく私たち自身の考えぬいた行為にある。私たちは、自分自身の意志を欲求とは反対の仕方で行使することによって、考えぬいて欲求を妨げることもできる。しかし、もしも欲求を妨げるものが外的な障害でなく、私たち自身の考えた行為ならば、本質的に自由を脅かすものはいったい何だろうか。

今私たちが考えているように、行為というものは、その本性によって私たちの欲求の結果ではない。行為はそれとは非常に違ったものである。行為というのは、実際には、私たちの欲求があるとすると、そのなかのどれが満足されるべきかを考えて決定する能力なのである。そして自由とは、つまり行為の能力をどのように行使するかをコントロールすることは、私たちの欲求が満たされるべきかどうか、どの欲求が満たされるべきかどうかをそれに応じてコントロールすることなのである。欲求を満たさないようにこの能力を全般的に使用することは、私たちの自由の損失ではなく、それを行使する一つの方法なのである。

自由――私たち自身の行為の能力――は、どう行為するかを決定する先行する欲求あるいはほかの受動的な動機の因果的な能力と同じものだとは考えられそうにない。そして、それは、私たちが自分自身で考えて行為できるからであり、欲求を満たさないということも、私たちが自由を行使する行為そのものなのである。もし自由が因果能力ならば、まったく異なった種類の因果能力でなければならない。

自由意志説と因果能力としての自由

もちろん自由意志説者は、どのように行為するかを決定する欲求あるいはほかの受動的な動機の因果能力として、自由を定義したりはしない。それには明らかな理由がある。因果能力は、その強力な形態においては、完全に自由意志説の自由を取り除いてしまうようなものなので、因果能力と自由意志説の自由はまったく別のものなのである。自由意志説者にとって、私たちの行為の仕方に対する、何らかの先行する出来事の因果能力は、私たちの自由に対する潜在的な脅威なのである。それで、自由を因果能力と同一視することはけっしてできないのである。

とはいえ多くの自由意志説者は、もし自由がある種の因果能力ではないとしても、自由にふさわしいものがほかにはないのではないかと心配してきた。因果的に決定されていない行為は、いかなる仕方でも決定されていないか、コントロールされていないということになるだろう。それは単純に言って、ランダムな行為ということになる。それで、こういった自由意志説者も、自由意志説の自由を因果能力――ただし違う種類の因果能力――として考えることを模索してきたのである。

私たちの自由のための、別の種類の因果能力が一つある。それは、何らかの先行する出来事や事件の因果能力ではなく、欲求や感情のような私たち自身の心の中の先行する出来事や事象の因果能力でさえない。その代わりに、自由は、私たち自身に結びついた、そして私たち自身によって直接に行使される因果能力だというのである。自由は、行為者の人生の中で、何らかの先行する行為が出来事に影響を与えるという因果能力ではなく、行為者自身の因果能力である。そして、自由は本質的に二つの選択肢がある能力――行為をしたり抑制したりする能力――であり、この因果能力は、二つ以上の仕方で同じように行使できなければならないのである。私たちの自由を構成する因果能力は、ある結果を生み出す能力であると同時に、それが生じるのを妨げる能力でなければならない。それで私たちは、自由意志説の自由について、影響力があり人気のある理論に到達する。それは、行為者因果性と哲学者が呼ぶものに訴える理論である。自由は、行為をするかしないかという二つの選択肢をもつ特別な因果能力であると考えられている。それは、不自由な出来事ではなく、自由な行為者自身によって所有され、行使される因果能力なのである。自由は、行為者因果的な能力なのだと考えられているのである。

自由意志説は、なぜ行為者因果的な能力として自由を特徴づけたがるのだろうか。行為者因果性には実際のところ二つの役割があることを思い出してほしい。第一に、自由を別の種類の能力に還元することである。それは自由が、より広く自然全体に見いだされる因果能力という現象の特別な事例として明らかにすることによるのである。そうすることで、私たちは、自由意志説の自由のような不自然で例外的なもの(だと思われている)でさえも、自然の別の部分と同じように位置づけることができるのである。しかし第二に、その理論はランダム・プロブレムをも解決しようとする。私たちが自由を行使するとき、もしも私たちが行為者として、どのように行為するかを因果的に決定するのならば、自由意志説の言う自由の行為は、ランダムではありえないだろう。自由な行為はランダムではありえない。なぜなら、それは因果的に決定されているからである。それは自由を脅かす、何らかの先行する出来事によってではなく、自由な行為者としての私たち自身によってである。というのも、一つのことが明らかで、あらゆる人によって合意されている。それは、因果的決定は、因果的に決定されているものにおいてすべてのランダムさを排除するということである。自由意志説的な自由の行使は、ランダムさからは明らかに区別されているのである。

それで、あるAという行為が、行為者の自由の行使を通して生じるとき、行為者それ自身が原因として作用する。たんなる出来事や事象ではなく、欲求や動機ではなく、行為者自身が、彼がAをするかどうかを因果的に決定するのである。

行為Aの発生はランダムではない。なぜなら、それは因果的に決定されているからである。しかしそれが生じるのは、行為者のコントロールの行使である。なぜならそれはコントロールされない原因によってではなく、自由に作用する原因としての行為者自身によって決定されるからである。

行為者の因果能力が自由に行使されなければならないということは、もちろんこの話にとって重要である。行為者は、その行為者因果性の能力をどのように行使するかを、コントロールしなければならない。彼は、Aをするか止めるかをコントロールしなければならない。そうでなければ、行為者自身によって因果的に決定されていても、Aをすることは、行為者がコントロールできない原因によって決定されることになるだろう。そして、Aがなされるかどうかについての自由意志説の言うコントロールは、取り除かれてしまうだろう。だが、行為者が行為者因果性の能力の行使をコントロールするという要求を否定することはできない。というのも、その因果能力は、行為者の自由にほかならないと考えられているからである。そしてどのようにして、自由が自由に行為する以外に行使されるだろうか。

　そうすると、私たちは、自由意志説の自由を、因果能力の一形態、つまり行為者の因果能力として考えるべきだろうか。問題は複雑で、それぞれの立場に味方する議論も豊富である。だが、そのように考えるべきではない明らかな理由がある。それは、自由意志説の自由は、いかなる種類の因果能力でもないということを示している。

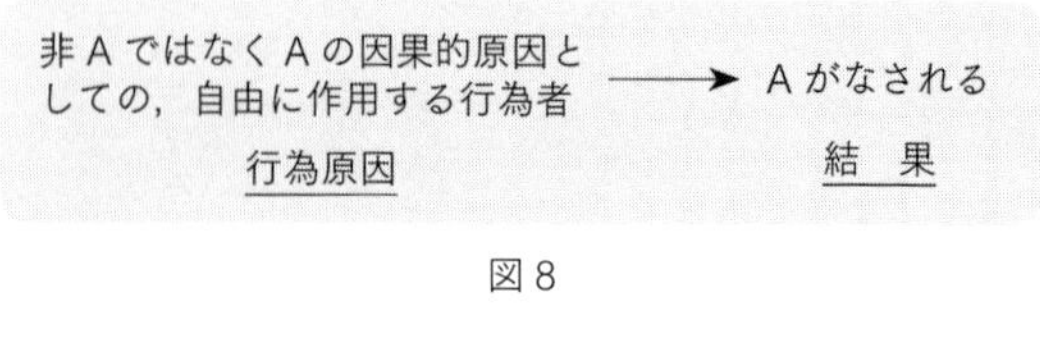

図8

　自由の行為者因果性説には二つの役目があることを思い出してほしい。それは、自由に、より広い自然の中に適切な居場所と独自性を与える。この考えは、自由がとてもおなじみの事物である因果性のもう一つの事例でしかないということで、私たちを安心させてくれる。またこの考えは、自由意志説の自由の行使がランダムとは違うものであることを説明することによって、ランダム・プロブレムを解消する。だがこの二つの役割のいずれも果たされることはないと、私は論じるつもりである。

自由意志説者の言う自由に別の名前――実際にはとても異なる現象によって共有される名前――をつけたとしても、自由意志説の自由が何であるかという悩みを和らげたことにはならないし、その自由がどのようにして純粋な偶然を排除するかを説明したことにはならない。もしも自由意志説の自由を因果能力の一形態として言及するならば、私たちがしていることはそういうことでしかないと思う。というのも、自由は因果性とは非常に異なるものだからだ。

この本で強調してきたように、自由は、そのまさしく本性からして、二つ以上の方法で行使される能力である。そしてそれは私たちのコントロール下にある方法である。自由は、まさしくその本性によって、どの行為を私たちが遂行するかを、私たち次第のものにする。だが、通常の因果能力は、つまり出来事を引き起こす能力は、まったくそれとは異なる。

確かに、通常の因果能力は、ときに二つ以上の仕方で行使されることがある。通常の原因は、根本的には蓋然的である。実際に、それが結果を生み出すかどうかということだけではなく、どの結果を生み出すかということは、偶然的なものである。その一方で、そこのボタンを押すことによって、緑の照明がつくかもしれない。あるいはその代わりとして、同じ照明を赤くするかもしれない。だが、それが正しいとしても、そのことによって、通常の原因が、それがどの結果を生み出すのかということについてコントロールできるということにもちろんなるわけではない。

これ以上のことがある。そのようなたんなる蓋然的で偶然的な原因は、結果がたんなる偶然であるということを取り除くという意味で、生み出される二つの結果のどちらかを決定するとは考えられない。通常の原因がある結果ではなくむしろ別の結果が生じることを決定する仕方は一つしかない。すべての関連する状況と原因が与えられれば、何かほかの結果が生じることは不可能なのだ。二つ以上の結果が残されているならば、その原因がどの結果を生み出すのかということは、ランダムで未決定ということ——純粋な偶然の問題——になるだろう。

しかし、自由を行使することによって何が起きるかを行為者が決定するとき、物事はまったく異なったものになる。行為者がAをするかしないか選ばなければならないとしよう。そして、ある状況と自由な行為者として彼がいることが与えられるとき、AをするかAをしないかは、同じように可能だとしてみよう。行為者がどちらの行為を遂行するかは、ランダムで未決定のままだという必要はない。自由という能力——彼がコントロールできること——によって、彼はAをしないのではなくすることを決定する行為者になるだろう。その結果、彼が最終的にすることは、純粋な偶然の問題ではない。しかし、そのことは、自由が因果性とまったく異なった種類の能力であることを意味しているのは間違いない。通常の原因は、それがほかの選択肢を不可能にするときのみ、その結果を決定し、ランダムを排除する。しかし、自由な行為者は、まったく違ったやり方で行為を決定し、ランダムを排除する。なぜそのような仕方も因果的だと考えるべきなのだろうか。

その結果は明らかである。自由と通常の因果性という二つの能力は、結果を決定するために作用し、とても違った仕方でランダムさを排除するので、通常の因果的決定がランダムを排除するということは、自由の行使がどのようにしてランダムさを排除するのかということを説明しないからである。あなたは、もしもそうしたいなら、自由という能力にも「因果的」というラベルを貼ることもできる。しかし、そのラベルを自由という能力に貼ることは、ランダム・プロブレムを解決するために何の役にも立たないのである。というのも、そのラベル付けは、たんにラベルを貼ることでしかないからだ。それは、自由の行使が、どのようにして最終的な結果が純粋な偶然の問題ではないとするのかを、私たちによりよく理解させてはくれないのである。

自由を「因果能力」と呼んだとしても、自由がどのようにしてランダムを除外するのか説明したりしないし、自由を棒切れや石ころがもっているなじみ深い能力にうまく同化させられるわけではない。実際に、共通の言葉をそれぞれに、つまり自由と通常の因果性に当てはめることは、これら二つの能力の大きな違いを私たちに思い出させるだけである。そのとき、なぜ、自由を因果能力だと考えることにこだわるのだろうか。私たちがそれ以外のことを考える説得力のある理由が与えられるまで、私たちは、自由が因果能力のもう一つの事例ではないと考え、それが実際にあるように認識するべきだ。つまり、自由をまったく新しい違う種類の能力だと認識するべきなのだ。

還元なき自由意志説の自由

私たちは、自由というのは因果能力ではないと結論づけるべきだろう。たとえば、私の決心というような行為に対する最初のコントロールの行使は、その行為が、私の動機の結果あるいは行為の原因としての私自身の結果として生じることを含んでいるわけではない。

だが、もしも自由が因果能力ではないならば、自由な行為、つまり行為者がコントロールする行為と自由な行為者の関係は、いったいどのようなものなのだろうか。その関係がどのようなものでなければならないかは明らかだ。私が自由に意志の行為を遂行するとき――家に居るより外出することを決心するとき――、私の決心は私の結果ではない。そしてそれは、私が所有する何らかの能力の結果でもない。私の決心は、私のコントロールや自由に対して、その結果という関係ではなく、媒介物あるいは媒体という関係にあるのだ。私は、自分の自由を、決心を引き起こすために行使するのではない。むしろ、私の自由は、決心それ自体を行うことの中で行使されるのである。その決心こそが、直接に私のコントロールの行使を構成するものなのである。

ここに一つのアナロジーがある。たとえば、次のようなことを考えてほしい。それは、あなたの私に対する借金からあなたを解放するという債権者としての私の能力である。私が、「もういいですよ」と宣言したとき、私は、その宣言を引き起こすという借金を免除する能力を行使したのではない。というのも、その宣言は、あなたを借金から免除する私の能力によって生み出された結果として生じたのではなく、その能力の行使をまさに構成しているのである。その宣言は、能力が行使される媒介物なのである。それで、この宣言は、行為と自由の行使とともにある。行為は、自由の行使のための媒体あるいは媒介物であり、その結果ではないのである。

このとき、自由意志説が言う自由な行為は、因果的に決定されていないということになる。そのような行為は、完全に原因を欠いていることさえあるかもしれない。だが、このことは、ランダム・プロブレムに私たちを連れ戻すのではないだろうか。もしも、自由意志説者が自由だと主張している行為が、どのようなものであれ行為を決定する原因のない行為ならば、そのことは行為をランダムなものにしないのだろうか。それらの行為は、純粋な偶然によって生じるのではないだろうか。いや、そうではない。自由意志説が、もしも自由の行使は因果的に決定されていない行為が生じることでしかないと——愚かにも——言うならば、自由をランダムに変えてしまう危険がある。というのも、私たちがすでに見てきたように、ランダムというのは、あなたが因果的に決定されていないこととともに手に入れるものであって、それ以外の何ものでもないからだ。

しかし、自由意志説は、自由の行使が偶然でしかない——因果的に決定されていない行為が生じること——ということを主張しているわけではない。というのも、それは明らかに誤りだからである。自由意志説者が主張しているのは、因果的に決定されていないことは、自由の行使の条件だということでしかないからである。自由に対するこの両立不可能説の条件を、自由が関わるすべてのものだと読みこむことは、まったく不当なことだろう。それは、まったく保証されていない還元主義的な解釈を自由意志説に押しつけることである。それは、自由意志説を、ホッブズ主義的な両立可能説者のように——自由のすべてをほかのもので還元的に説明しようとしているように——読むことである。自由意志説者がそのようなことに関わっているという理由などない。

いかなる場合であれ、自由意志説がそのような還元を試みようとするならば、愚かなことだろう。というのも、それは、常識的な道徳性の根本的な特徴と一致しないからである。そのような試みは、常識が道徳責任との関係において、自由に与えた道徳的な意義と一致しないのである。これまで見てきたように、なぜ私たちが行為の仕方に対して直接的な責任を負い、受動的な信念や欲求には責任を負わないかを説明するために、常識は自由――どのように行為するかをコントロールすること――に訴えているからである。常識による説明は、内容豊かで、理解できるものである。それは、なぜかということについての実質的な物語である。その説明とは、私たちがコントロールするものが私たちの行為であるがゆえに、私たちは自分たちの行為に直接に責任を負い、私たちの信念や欲求に責任を負わないのだということなのである。

私たちの日常的な概念と整合的な自由についての説明によって、この説明力は、少なくとも内容豊かな説明として生き残るだろう。私たちが、実際に与えられた説明が真であると信じようとそうでなかろうとも、それを与えることができなければならない。なぜ私たちは、因果的に決定されていない行為に対して直接的に責任を負い、因果的に決定されていない欲求には責任を負わないでいられるのだろうか。明らかで直接的な説明は、因果的に決定されていない欲求を直接にコントロールすることはできないが、行為を直接にコントロールすることはできるというものである。しかし、この説明に何か説得力があるとするならば、行為における因果的な決定がないということ以上のものが、自由にはあるはずだろう。というのも、そうでないとするならば、すべての説明は、私たちの決定されていない行為も行為なのだから、因果的に決定されていない行為に対しては、私たちは責任を負うことができるが、決定されていない欲求には責任を負うことができないと言っているにすぎないからだ。自由を、行為における因果的な決定のたんなる欠如にしておいて、道徳責任を行為に制限してしまう説明は、明らかに説明とは言えないものになってしまうだろう。

同じ議論が、自由についてのもう一つのなじみ深い両立可能説による還元に対しても用いられる。それは現代の自然主義的な両立可能説に好まれる還元ではなく、それとはかなり違った合理主義的な両立可能説によって好まれるものである。これは、自由と実践理性を同じものとしてみなすことである。合理主義者は、自由を、合理的に行為する能力に還元しようとしている。自由を何か別のものに還元しようとする誤りが何かということは、今や明らかであろう。というのも、私たちは、どのように行為するかにおいて実践的に理性を行使するだけではなく、行為に先行した受動的な信念や欲求の形成においても、非実践的な仕方で理性を行使するからである。そして、合理的な存在者として、なぜ私たちが行為に対して直接的に責任を負うことができ、受動的な信念と欲求に対して責任を負わないのかということを、私たちは問うことができる。私たちは、行為を構成する合理性を直接的にコントロールするが、信念や欲求の形成を構成する合理性をコントロールしたりはしない。しかしここで再び、この説明が機能するためには、私たちの合理性の能力が行為を形成すること以上のものが、自由になければならない。そうでなければ、私たちに残されているのは、私たちの行為が行為であるという理由で、私たちの行為に対して責任があるという考えでしかないからだ。そしてそれはまったく説明になっていない。

そしてもちろん、たんなる実践理性以上のものが自由にはあり、私たちはみな、それが何かを知っている。それは、私たちの行為が私たち次第であるということであり、私たちがそれをコントロールしているということである。そして、意識していることや何かを理解すること、それ自体合理的であることといったような、心についての観点にはほかの多くのものがあるが、私たちは、単純にこのコントロール、つまり私たち次第のものであることがほかの言葉に関わっているすべてのものをうまく特定することはできない。自由は、非決定的に行為する単純な能力ではない。そして自由は、単純に一種の因果能力ではない。実際に、自由は、因果能力などではまったくないのだ。能力として、自由は単純にそれ自体のあり方であり、別のものではないのだ。

自由意志説の自由の擁護

自由意志説の自由の一貫性と可能性に対する懐疑的な状況は、当初思ったほどやっかいなものではない。実際には、そういった疑いは今や大いに論点先取をしているように思える。そして、この懐疑主義の根っこが本当にはどこにあるのかということを解き明かしたことが明らかになる。その根っこは、部分的には、人間行為のホッブズ的な風刺にある。それは、行為を欲求によって私たちに押しつけられた結果にしてしまう風刺であり、図々しくも、人間の自己決定から、まさしく自己決定が行使される意思決定を排除してしまうような風刺である。あるいは世界と世界についての理解と経験から、否定されようとしている自由というものを、はじめから独断的に排除してしまう点に懐疑主義の根っこはあるのだ。

懐疑主義の攻撃は、人間の生活のきわだった特徴として自由を排除してしまう言葉のみによって独断的に世界を記述しようとするものである。懐疑主義は、世界が因果性以外の能力を含んでいないこと、そして因果的に決定されていないあらゆることはランダムでなければならないことを仮定しているのである。だが、もしも私たちが世界をこういった言葉だけで描写しようとするならば、もちろん自由意志説の自由は不可能であり、存在できないだろう。しかし、どのような権利によって、私たちは、そのような自由をはじめから排除できるのだろうか。

原理的に自由意志説の自由が不可能だということを示す、説得力のある懐疑主義的な論証などない——単純に論点先取しないようなこの結論への論証もない。その代わりに、自由意志説の自由が可能だとしても、それが現実に所有でき、それを用いることなどありそうにもないということを示す説得力のある懐疑主義的な論証などあるのだろうか。いや、ないだろう。たとえば、誰も、因果的決定論の正しさを現実には確立していない。私たちの欲求にまで、そしておそらくさらには環境的あるいは遺伝的要因にまで遡ることができる私たちの行為への因果的な影響も、一般的にはたんなる影響でしかないだろう。人間の決心や行為の全体性が、そのような原因によって完全に決定されていることなどまだ誰も示していない。そのような原因が私たちの行為を現実に決定することなく、たんに私たちに影響を与えるだけだとしても、自由の余地は十分にある。そのような影響は、ときには、私たちがすることに対するコントロールを減少させたり、抑制したりするかもしれない。だがそのような影響は、私たちのコントロールを完全に取り除くとは限らない。

私たちは、自分たちが実際に自由意志説が言うような意味で自由だという直接的な経験をもっているのだろうか。懐疑主義者たちはもっていないと言うだろう。懐疑主義者は、私たちが直接に経験する唯一の能力は、通常の因果能力あるいはその欠如でしかないと言うだろう。そして、通常の因果性の経験も、その欠如の経験も、自由意志説者が自由として理解しているものの経験だと主張できるものではなさそうである。もちろんこの点について懐疑主義者が正しいならば、私たちに残されているのは、せいぜいカント的な選択肢しかないと言ってよい。私たちの自由が、経験の対象などではまったくなく、私たちがほかのもの、そしておそらくより怪しい根拠にもとづいて何とか想定しているだけの何かということになるだろう。

とはいえ、私たちが自分自身の自由について直接的に経験したり、あるいは気づいたりしないと、どのような権利によって想定できるのだろうか。実際に、皮肉なことに、自由についての懐疑主義者が、私たちの経験から自由の表象を排除しようとしたように、ほかの人々は、因果性について同じことをしようとしてきた。もちろん因果性は、両立可能説や行為者因果性説を支持する人々によっても、自由が何かを説明するために以前から想定されてきた能力である。因果性は、ある哲学者たちが、自由を自然化する手段として使おうとしてきた能力である。もしも自由が一種の因果性として理解されるならば、そのことは、自由を完全により広い自然の、完全になじみ深い一部として残すことができると考えたのだ。しかし、とくに一人の哲学者――デイヴィッド・ヒューム――は、因果性も私たちの経験から除外しようとした。そしてそれは、懐疑主義者が自由を除外しようとしたのとまさしく同じやり方でそうしようとしたのである。

ヒュームは、懐疑主義者が自由意志説の自由が私たちから隠れていると考えるように、因果能力が私たちから隠れていると考えた。彼は、私たちの経験が、現実にはけっして因果性を私たちに示さないと考えた。私たちが直接に経験をもったり、気づいたりするすべてのものは、自然の中の規則性でしかないと論じた。それは火がもえるというようなある一つの出来事が生じたときに、その火の上の水が沸騰するというような別の出来事が規則的に続くといったものである。私たちは、世界の中のこういった出来事に結びついたさらなる特徴として、因果的な力というようなものにけっして直接に気づくことはない。

自由や因果性のようなものが経験によって示されているということを排除しようとする試みは、かなり問題がある。どこまでこの道を私たちは進みたいと思うだろうか。たとえば、すぐに、私たちは、視覚経験の内容を、さまざまに配置された色の表面が表れているにすぎないというところに還元できるだろう。確かに、私たちが直接に見ているものは、色の領域でしかないというところまで議論が進むだろう。残りの、固体としての物体からなる世界は、視覚経験が直接に私たちに示すものではなく、私たちが推理しなければならないものになる。固体からなる物理的な世界についての信念は、経験それ自体が解き明かすものをはるかに超えた何かなのだということになる。

これは経験に関する魅力的な考え方ではない。だがどのようにして抵抗することができるのだろうか。私は、経験が現実に私たちの信念を導くということに訴えることしかないのではないかと考えている。もしも経験が、規則的に、そして普通に、ある事物が見いだされるかどうか、そしていつ見いだされるかについての信念を導くならば、経験は、そのたぐいの事物とその条件を私たちに示しているのでなければならない。世界に何が含まれているのかについての信念への経験の強い影響に言及することによる以外に、経験が世界について何を示しているのかをどうやって決定できるだろうか。

そういうわけで、経験によって私たちは、規則的かつ日常的に、中身の詰まった物体の世界を信じるようになる。それらは、さまざまな因果的な力を行使し、それらに服従する物体である。経験によって私たちは、棒や石のような物体——ほかの物体に衝撃や存在を与え、破壊してしまう力をもった物体——の世界を信じるようになる。そのときこの世界は、経験が私たちに示してくれる世界なのだ。それは、因果性によって結びついたのではないたんなる規則性の世界ではないし、ましてや、色付きの形だけからなる世界などではない。

同じように、自由についての信念を作るときに、経験は、規則的かつ日常的に私たちを導く。経験は、私たちがどのように行為するかをさまざまな程度でコントロールすること——コントロールが目の前で行われることもあれば、減少したとか、なくなることさえもあるが、そういったこと——を私たちに信じさせる。私たちは、経験によって、対象の因果能力についてだけでなく、私たち自身の自由という因果的ではない能力についての信念をもつようになる。それで、因果関係だけでなく自由も、経験が示してくれるものなのである。そして、もしも経験が自由の場合に誤りえない導き手でないならば、因果能力を示す場合にも、誤りえないものではないということになるだろう。だが、そのことは、自由が経験によって示されるものではないということを示しているわけではないのであり、それは因果関係と同じである。もしも、経験の間違っているかもしれない表象を信頼して因果能力の知識を獲得できるのならば、因果的ではない自由の知識も、同じような仕方で獲得できるだろう。

やりにくい、非常にいらいらさせる同僚と電話越しに話をするとき、私は声を荒げ、わざと相手を傷つけるようなことを言い、そして私の感情が高まったときには、ゾッとするような侮辱の言葉を投げつけ、電話を叩きつけて話し終えるだろう。私は自分がこういったことすべてをやっているのを感じている。そして私は、自分がしていることに対するコントロールが、次第に弱まることを感じる。私は、自分がコントロールを失うことも感じることができる。私が自分の行為を経験するとき、どのように行為するかを決定しているのが、私ではなく、私の怒りになってきていることを私は感じる。私が行為者である経験が、このすべてを私に示すことがないなどと誰が言えるだろうか。私の経験は、その経験の所有者に、自分がコントロールを失っていることを信じさせるようになるものなのだ。私たちが「コントロールを失っているという感じ」として報告するのは、まさしくこの種の経験なのである。

私たちは、自由という考えを広く共有してきた。それは、私たちが自由意志説の言う言葉で自然に考える自由、あるいは私たちの行為のコントロールという考えである。それは、因果能力という非常に異なった考えと同じくらい、私たち自身と世界の経験の中で豊かで活き活きとした要素となる考えである。それなのに、なぜある能力を別の能力に変えようとするのだろうか。そして、なぜ一方に対して懐疑的であることを選んで、他方に対してはそうではないのだろうか。

因果性との対比によって、自由は、人間だけか、あるいはせいぜい人間や高等な動物に限定されるように思える。自由とは、より広い自然における心の外にある何かというようなものではない。だが、そのとき、私たちの意識や合理性や理解能力といった心の多くのほかの特徴にも、同じことが言える。とはいえ、行動をコントロールすること、意識をもつこと、物事を理解することというようなこれらのものは、私たちが、これまで気づいてきたものと同じように、自分自身について直接的に気づく特徴なのだ。人間の自由は、私たちのほかの心の特徴と同じくらい、難解で独特な現象であることは確かだ。しかし自由は、ほかのあらゆる信念と同じく、信じるに値するもののように思われる。それは、どのような場合でも私たちが完全に放棄することができないように思える信念である。私たちは、大部分の自分の行為を遂行するかどうかが自分たち次第であるという確信を、日々失うことはない。それは私たちが推論したり理解したりする能力をもっているという信念を放棄することができないのと同じである。そして、この確信やそれに伴うほかの信念がありそうにないとか、間違っているとかを示すものは、まだ何もないのである。

解説

戸田剛文

本書は、Thomas Pink, *Free Will: A Very Short Introduction*, Oxford University Press, 2004 の全訳である。著者のトーマス・ピンクは、イギリスはロンドン大学キングス・カレッジの哲学教授であり、中世・近世哲学、倫理学、心の哲学などその専門領域は多岐にわたるが、とりわけ自由意志について多くの業績を残している。そのピンクによって、オックスフォード・ベリー・ショート・イントロダクションシリーズ(VSIシリーズ)の一冊として書かれたのが、本書『自由意志』である。

本書は、哲学の伝統的な問題であり、現代においても非常に多くの注目を集めている自由(自由意志)について書かれた本である。著者は非常に丁寧に、なぜ自由意志の問題が重要であり、多くの哲学者によって長きにわたって論じられてきたのかということを、歴史的な側面に十分に目を配りつつ解説している。

自由という概念は、私たち人間の尊厳にとって非常に重要なものだと一般には考えられ、自由であるということは、私たちが人間らしく生きる上での条件だとも考えられているだろう。自由であることが、それ自体において価値があるもののように思われていることは、たとえば学生が、進学先の校風や就職先の社風に自由というものを求めて行くことなどもそのことを示していると言えるだろう。

しかし、通常、こういった場合には、そもそも自由というものがあることが前提されている。憲法などの法律で自由が保障されるとき、自由は社会において必要不可欠なものだと考えられているが、そのような前提が可能なのも、社会に生きる私たちに、自由があると考えられているからだろう。またある学校が自由であるとかそうでないとか言うときも、自由が(どこかに)あることが前提されているように思われる。だからこそ、自由な学校や会社を選ぶことができるのだ。

だが、哲学という学問においては事情が異なる。古代から現代に至るまで、多くの哲学者によって、自由がそもそも存在するのかということが問題にされてきた。本書では、自由というものを、より厳密に自由意志の観点、つまり私たちが何か行為をするときに、それを自ら選択するという点に焦点を当て、なぜそのような自由意志の存在が不可能なものだと考えられてきたのか、そしてそれに対する著者の考えを論じている。

まず、著者がなぜ自由が私たちにとって必要不可欠なものだと考えているかと言えば、それは、自由が道徳責任の前提となっていると考えられているからである。確かに、しばしば「自由は責任の裏返しだ」と言われることもある。私たちが何か行為の結果として責任をとらなければならないと言われるのは、それが自分が選択した行為だからであろう。あるいは、直接自分が行ったものではなくても、自分がそれを防ぐことができた、あるいは防ぐ立場にあったからであろう。逆に言えば、もしも私たちが行った行為が、私たち自身にとってどうにもならないものならば、あるいは自分の自由を行使することが著しく制限されていたならば、私たちはそういった行為に対して責任を負わされることはないかもしれない。

著者が述べるように、中世のヨーロッパにおいては、自由意志をどのように確保するのかということは、宗教上の重要な問題であった。もしも私たちが死後、現世の行為に対して神の裁きを受けなければならないとしたら、現世の行為は、私たちに責任があるものでなければならないはずである。しかし、もしも私たちの行為が、私たちが自分で行ったと思っていたとしても実際には決定されていたものだとするならば、なぜ私たちは裁かれなければならないのか。しかも、私たちを含め、この世を創ったのは、ほかならぬ全知・全能の神ではないのか。神は全知である以上、私たちが何を将来するのかも、すべて知っていたのではないだろうか。言い換えると、私たちは、神が私たちについて知っていること以外の行為をすることなどできるのだろうか。もしもできないのであれば、私たちはやはり自由ではないということになるのではないだろうか。

そして、神学上のこの問題は、やがて自然主義的な立場、あるいは合理主義的な立場からのものへと移行していくのである。

私たちが、自由を実現するときに重要な役割を果たすと考えられてきたのが、まさしく「意志」である。私たちが自由であると言えるのは、常識的に言えば、たんに行為に選択肢があるということだけではないだろう。多くの選択肢の中から、ある行為を選び、それを実現するようにコントロールしていくという点にあると考えられる。そういったコントロールができなければ、いくら自分の行為がいくつかの選択肢のうちの一つだとしても、それはたまたまそうであるだけの、でたらめな運動でしかないだろう。とりわけ、中世においては、身体的な行為を生み出す、心の中の意志こそが自由を実現するものであると考えられてきたのである。

しかし、世界の出来事が前もって決定されているという考え、つまり決定論は、自由を(そして自由意志を)擁護する上での最大の脅威となる。しかし、決定論を否定することは難しいと考える哲学者は多い。特に、科学は出来事の因果関係を解明することをその重要な目的の一つにしている。科学が発達すればするほど、世界の出来事が因果関係によって説明されるようになる。そして、このような科学が世界の真のあり方を明らかにすると考える多くの哲学者は、しばしば決定論を認めつつ、自由という概念をそれに合う形で再定義しようとしてきた。そういった立場は、両立可能説と呼ばれる。

この本で、著者は両立可能説として二つのものを主に取り上げて議論している。その一つは、私たちが自分の行為を理性によってコントロールすることが自由の表れであると考えるものであり、これは合理主義的両立可能説と呼ばれる。なぜこれが両立可能説と言われるかといえば、確かに私たちは、自分の行為を合理的にコントロールできるということから自由であると考えるかもしれないが、その一方で、合理性が高まれば高まるほど、私たちは自由ではなくなるようにも見えるからである。合理性が高まれば高まるほど、不合理で愚かな行為は選ばれなくなる。つまり選択肢が消去されていくのである。結果的に、究極的に合理的な存在者は、最も合理的な行為しか選択しないだろう。そうだとするならば、その行為は、あらかじめそれを選択するものが決定されていたと言いたくなるようなものになる。

このような観点から両立可能説をとる哲学者たちは、しばしばこの合理性と自由を同一視してきた。しかし、本当にこの二つのものは同じであると言えるのだろうか。著者はいくつかのケースをあげてそうではないことを論じる。たとえば、合理性の発揮として考えられるものであっても、自由であるとは言えないような場合もある。どのような信念をもつのかという場合などがそうであるとされる。また、自由であることは、たんに合理的なときだけではなく、非合理的であるがゆえに自由であると考えられることもある。人はわかっていても愚かな行為を選ぶことがあるのである。

もう一つは、自然主義的両立可能説と呼ばれるものである。これは、近代において特に脚光を浴びはじめることになった。そこには、自然科学の発展に伴う機械論的世界観の影響がある。

特に、このタイプの古典的両立可能説者と考えられているのが社会思想の分野で知られるトマス・ホッブズである。彼は、その唯物論的立場から、世界における変化はすべて物質間の因果関係において成立するのであり、人間もまたその例外ではないと考えた。このような立場をとるとき、世界に生じるすべてのことは因果関係の連鎖で結ばれていることになり、あらゆることが決定論的に生じると考えられる。しかし、ホッブズは、自由という概念まで放棄することはなかった。彼は、人間もまた、受動的な欲求をもつことで、その欲求を満たそうと駆り立てられる因果関係の連鎖の中に置くが、その欲求が満たされることこそを、自由な状態と考えたのである。このような考えを可能にしたのは、ホッブズの行為についての考え方である。ホッブズは、欲求などによって決定された(そしてこの決定とは、いわば後付けとして理解される)身体的行動こそが、自発的なものであり、それこそが行為であると規定した。この発想によれば、欲求やそれに伴う決定は、それ自体は受動的なものであり、けっして自発的な行為ではなく、それゆえホッブズによれば、自由を表すものではなくなるのである。しかし、たんに欲求が満たされることが自由であるならば、人間も動物も、また人間の中でも薬物中毒患者なども、自由な存在者であるということになる。しかし、私たちは、本当にそのように考えているのだろうか。著者は、この問いに対して否定的に答えるのである。

また、そもそも決定論を認めない立場もある。その立場においても、現代では科学的な発見が利用されることもある。たとえば、現代の量子力学においては、微粒子は決定論的な振る舞いをせず、統計的な振る舞いをすると言われている。そのような振る舞いは、確かに決定論的ではないが、ランダム(でたらめ)なものでしかないようにも思える。私たちの行為が、今述べたようなものだとするならば、それは決定されていようとも、決定されてなかろうとも(つまりランダムだったとしても)、自由という概念からは程遠いもののように見えるだろう。

著者は、現代主流の両立可能説ではなく、むしろ伝統的な自由意志説の立場から自由を擁護しようとする。著者は、欲求によって引き起こされたものを(自発的)行為とするホッブズのような考えに対して、それとは異なる行為の概念を提示するのである。先ほど述べたように、ホッブズによれば、意思決定は、それ自体、欲求や先行する意思決定によって決定されないので、(自発的)行為ではない。

しかし、著者の提示する行為の概念は、明確に何か欲求のような原因をもっている必要はない。何らかの原因にしばられることなく自由に行われる行為を著者は認める。そこで重要なのが、決心自体をまさしく行為として捉える考え方なのである。著者の行為概念によれば、ある行為を決心するということは、それ自体が欲求によって引き起こされたものである必要はない。その意味で自発的なものである必要はない。決心には、理性を行使して目標をさだめ、どのようにそれを実現するかということが含まれている。そして自発的行為の動機を形成する。ただし、たんに合理性それ自体が自由と同一視されるのではなく、合理性を駆使して決心という行為を行うこと、言い換えれば決心という行為をコントロールすること、ここにこそ自由があるのだとされるのである。もちろん、その後の行為のコントロールを通じても、その自由は行使され続ける(それゆえ、何かをしようとする決心に含まれる目標の決定の仕方、そしてそれによって動機づけられたさらなる行為のコントロールの仕方によっては、あまり合理的ではないという評価を与えられることもあるだろうが)。

このような行為としての決心という概念を提示した後、さらに著者は、何かに引き起こされたのでない行為はランダムなものでしかないのではないかという問題を解決しようとする。それに対する著者の回答は実に興味深いものである。著者は、あらゆる出来事の生起を、原因と結果の関係、いわゆる因果関係として理解しようとする立場を批判するのである。原因と結果の関係は、しばしば必然的なものであると考えられてきた。つまり、ある結果が生じるにはある原因がなければならない。あるいはある原因が生じるならば必ずある結果が生じる。このように非常に強い意味で因果関係は理解されることもあった。またもう少し緩やかに、ある原因が生じるならば、非常に高い確率である結果が生じるというふうに、必然的なものではなく蓋然的なものとして因果関係を考えることもできるだろう。しかしいずれにせよ、これらはある種の因果関係として理解されていて、そのように出来事の生起を捉えてしまうと、もはや自由意志の入り込む余地はないというのが、著者の分析である。このことは、自由への懐疑主義者に対しても実は言えることである。もしも世界の出来事が因果的に決定されていないとするならば、もはやランダムしか残されていないと、懐疑主義者が主張するのは、世の中の出来事の生起がすべて因果関係によって説明できると前提しているからではないか。もしも因果関係以外の仕方で出来事が生み出されるならば、たとえ因果的な決定論が否定されたとしても、だからといって世界の出来事はランダムに生じるということにはならないだろう。

著者は、私たちが経験から因果関係を学ぶことを認めるのならば、経験から自由意志を学ぶこともまた認めるべきではないかと主張する。そしてここでの自由意志とは、それ自体が選択し決定するという行為であり、しかも因果関係とはまた異なるものであるとされる。しばしば哲学者たちは、因果関係の存在を認めながらも、自由意志の存在を疑問視し、それを因果関係に結びつけようとしてきた。しかし、たとえばヒュームのように、因果関係の存在さえ疑問視する哲学者もいたのである。確かに、すべての出来事の連続的な生起を因果関係で説明できるならば、それは単純で美しい理論であろう。しかし、そのように本来異なるものを一つのものに還元しようとする哲学者にしばしば見られる傾向は、正しいものではないということが著者の論点である。

ただし、著者の議論についてはさらに検討すべき点もあるだろう。たとえば、著者が批判している自然主義的な両立可能説について言えば、そこで取り上げられる欲求は、行為者の心の中で生じる現象である。著者のように、そこから行為へと続く過程に意思決定というプロセスを挿入したとしてもそれ自体についてはそれほど違和感がないかもしれない。しかし、現代のように、人間の心の中の出来事が、たとえば脳によって生み出されるという考えを採用するならば、どのようにしてそれがたんなる決定論ではないかということについてはさらに説明を要するだろう。というのも、意思決定というプロセス自体が、脳によって生み出されているという主張も著者に対しては考えられるだろうし、その点について、著者はたとえば脳と心の中の出来事との因果関係を否定する(あるいは制限する)か、自由意志という概念を適用する範囲を制限するなどの必要があるのではないだろうか。もちろん、この問題を、本書における著者の主張を用いて考えることもできるだろう。それを適用するならどのような説明になるのかということも、読者の方々でぜひご一考いただきたい。

自由意志の問題は、本書で論じられている以外にもさまざまなアプローチがあるし、本書で述べられたような考えを中心に、多くの議論が展開されている。たとえば、ホッブズ的な両立可能説にしても、二〇世紀の中頃までは、自由をホッブズ的に理解しながらも、「行為者は、別の行為をすることを決心するならば、その行為ができただろう」という仮定法的な表現を用いて自由な行為を分析するようなことも行われた。つまり、行為者が欲求によって選んだ行為を妨げられることなく行為できたときには、その行為者は自由な行為ができたものとして認められるのだが、自由な行為という概念には、先ほど述べたような「行為者は、別の行為をすることを決心するならば、その行為ができただろう」が含まれていると考えるのである。また、過去が確定していることや、自然法則の概念などを分析することで、両立可能説を維持しようとする主張もある。さらに、道徳責任の問題については、社会的実践の中にその位置づけを試みるP・F・ストローソンなどの議論も大きな影響力をもっている。これらのことはまた別の本などを参照されたい。

今述べた現代の脳科学などの知見からの問題は、たとえば本書と同じVSIシリーズの『意識』(〈1冊でわかる〉シリーズ、岩波書店)にも、ベンジャミン・リベットの有名な実験とともに紹介されている。決定論の問題は、古代においても論理学的な領域から議論されており、それも同じVSIシリーズの『論理学』(〈1冊でわかる〉シリーズ、岩波書店)で紹介されているので、そちらも参照されたい。

なお、本書は、第一章、第四章、第七章を豊川が、第二章、第五章を西内が、そして第三章、第六章、第八章を戸田が訳出し、全体を戸田が調整した。最後に、本書の出版にあたって岩波書店の押田連氏には大変お世話になった。ここで心から御礼申し上げたい。

トーマス・ピンク Thomas Pink
ロンドン大学キングス・カレッジ教授．ケンブリッジ大学で博士号取得．心の哲学，倫理学，中世ならびに近世哲学を中心に幅広く研究を行う．著書に *Self-Determination: The Ethics of Action, vol. 1* (Oxford University Press)ほか．

戸田剛文
京都大学大学院人間・環境学研究科教授．近世哲学・認識論．著書に『バークリ：観念論・科学・常識』ほか，訳書に，バークリ『ハイラスとフィロナスの三つの対話』ほか．

豊川祥隆
京都看護大学非常勤講師．京都大学大学院人間・環境学研究科博士後期課程修了．近世哲学・認識論．著書に『ヒューム哲学の方法論：印象と人間本性をめぐる問題系』ほか．

西内亮平
京都大学大学院人間・環境学研究科博士後期課程指導認定退学．和歌山リハビリテーション専門職大学非常勤講師．共著に『哲学をはじめよう』．

哲学がわかる 自由意志 トーマス・ピンク

2017 年 12 月 14 日 第 1 刷発行
2021 年 11 月 5 日 第 2 刷発行

訳 者 戸《と》田《だ》剛文《たけふみ》 豊川祥隆《とよかわよしたか》 西内《にしうち》亮平《りょうへい》

発行者 坂本政謙

発行所 株式会社 岩波書店
〒101-8002 東京都千代田区一ツ橋 2-5-5
電話案内 03-5210-4000
https://www.iwanami.co.jp/

印刷・三秀舎 カバー・半七印刷 製本・松岳社

ISBN 978-4-00-061242-5 Printed in Japan

索　引

ア 行

アクィナス(Thomas Aquinas)　041
アリストテレス(Aristotle)　003, 004
意志と行為(will and action)　009, 010, 041–058, 126–142
意志にもとづく行為の理論(will-based theory of action)　041–058
因果的決定論(causal determinism)　017, 018
因果能力と自由(causal power and freedom)　145–159
ウルフ(Susan Wolf)　067
エクササイズ・プロブレム(exercise problem)　113–123, 125–142

カ 行

懐疑主義(scepticism)　025–027, 164–170
神と人間の自由(God and human freedom)　054–057
カルヴァン(J. Calvin)　103
還元主義(reductionist theory)　150–164
カント(I. Kant)　094, 095, 137, 138, 166
偶然(chance)　020–024, 111–113
行為者因果性(agent-causation)　154–156

サ 行

実践理性と理論理性(practical reason and theoretical reason)　068–071
自発的行為(voluntary action)　040, 041
自由意志説(libertarianism)　018, 019, 025
自由としての自己決定(self-determination as freedom)　012, 013, 078–080, 099, 100
信念(belief)　068, 069
スコトゥス(John Duns Scotus)　041
ストア派(Stoics)　006, 019
政治的自由(political liberty)　004–006

タ・ナ・ハ行

動物と自由(animals and freedom)　031–033
ニュートン(I. Newton)　020
非決定論(indeterminism)　020–027
ヒューム(D. Hume)　015, 167
フランクファート(Harry Frankfurt)　104
ホッブズ(T. Hobbes)　062, 075–097,

136

ヤ・ラ行

唯物論(materialism)　076
欲求と強迫(desires and compulsion)　014, 092, 093
ランダム・プロブレム(randomness problem)　111-113, 143-164
理性と意志(reason and the will)　036, 037
量子力学(quantum physics)　020
両立可能説と合理主義(compatibilism and rationalism)　059-067
両立可能説と自然主義(compatibilism and naturalism)　061, 062, 075-077
両立不可能説(incompatibilism)　017-019, 021-025
ロック(J. Locke)　101

読書案内

自由意志の問題に関わる著作は多い．ここでは，この問題のすべてを含む案内のようなものを提供することはできない．代表的な書籍のいくつかを取り上げよう．

自由意志全般

有益な論文を収録したものとして次のものがある．

Gary Watson (ed.), *Free Will* (Oxford University Press, 1982; 2nd edn., 2003).

あらゆる領域の現代の論争についての論文が収録されているのは，

Robert Kane (ed.), *The Oxford Handbook of Free Will* (Oxford University Press, 2002).

プラトンとアリストテレス以降の，行為についての理論を学ぶならば，

Thomas Pink and Martin Stone (eds.), *The Will and Human Action: From Antiquity to the Present Day* (Routledge, 2003).

古代哲学

アリストテレスの『ニコマコス倫理学』には，行為と道徳責任についての注目に値する古代の議論が含まれている．多くの英語版の翻訳もある．アリストテレスに関する興味深い現代の議論については以下のものがある．

Richard Sorabji, *Necessity, Cause and Blame* (Duckworth, 1980).

Sarah Broadie, *Ethics with Aristotle* (Oxford University Press, 1991).

後期ギリシアの思考の多くは，断片的な形態で現存している．古代のテクストや重要な議論から抜粋されたとても有益なコレクションには次のものがある．このコレクションは，哲学の多くの分野だけでなく，自由意志を扱った問題もカバーしている．

A. A. Long and D. N. Sedley (eds.), *The Hellenistic Philosophers* (Cambridge University Press, 1987, 2 volumes).

アリストテレスの倫理学とともに，行為についてのストア派の理論は，中世の考え方に多くの影響を与えた．そのことは次の著作で論じられている．

Brad Inwood, *Ethics and Human Action in Early Stoicism* (Oxford University Press, 1985).

道徳責任と自由に関するストア派の考えについての挑戦的だが興味深い最近の議論については次のものを参照.

Susanne Bobzien, *Determinism and Freedom in Stoic Philosophy* (Oxford University Press, 1998).

後期古代の非常に重要な人物は聖アウグスティヌスである. 自由と意志についての彼の著作は多岐に及ぶが, その正確な解釈は多くの論争の的になっている. 中心的なテクストは『自由選択について』である. これは次の英訳に見ることができる.

Thomas Williams (trans.), *On Free Choice of the Will* (Hackett, 1993).〔アウグスティヌス(泉治典, 原正幸訳)『アウグスティヌス著作集 第3巻』内「自由意志」教文館, 1989年.〕

中世とルネッサンスの哲学

13世紀の中心人物は, トマス・アクィナスである. 行為と自由についての彼の重要な議論の一つは, 神学と哲学における関連領域についての彼の全体的な考えを表した『神学大全』に見出すことができる. この大著は三つの部門に分けることができ, その第二部門で, 合理的存在者としての人間が扱われている. さらにこの第二部門は, 二つに分けることができる. その第1部の問6–17に, 人間の行為についての非常に興味深く詳細な議論が含まれている. この議論は, かつてより多くの研究と注釈の対象となっている. この議論は, 1960年代に用意されたドミニコ会修道士たちによるラテン語と英語の両方のテクストが含まれている本で読むことができる(また, これはアクィナス自身が説いた順番になっている). その中の関係する巻は第17巻である.

Thomas Gilby (ed.), *Psychology of Human Acts* (Eyre & Spottiswoode, 1964).

アクィナスの行為論についての最近の議論については次の著作を参照.

Ralph McInerny, *Aquinas on Human Action* (Catholic University of America Press, 1992).

Daniel Westberg, *Right Practical Reason* (Oxford University Press, 1994).

14世紀の重要な思想家は, ドゥンス・スコトゥスである. 批判的な検討が添えられた意志と行為についての彼の著作の有益なコレクションには, 次のものがある.

Allan Wolter, *Duns Scotus on the Will and Morality* (Catholic University of America Press, 1986).

中世の理論の詳細な議論とそれらとホッブズとの比較については次を参照.

Thomas Pink, 'Suarez, Hobbes and the Scholastic Tradition in Action Theory,' in Pink and Stone (eds.), *The Will and Human Action* (Routledge, 2003).

カルヴァンの『キリスト教綱要』は，Ford Lewis Battles の翻訳を John T. McNeill が編集した次の版(The Library of Christian Classics)を用いた.

John Calvin, *Institutes of the Christian Religion* (Westminster Press, 1960).

宗教改革についての議論に興味のある人々は，次の本の中で，ルターとエラスムスとの論争も読むことができる.

E. Gordon Rupp and P. S. Watson (eds.), *Luther and Erasmus: Free Will and Salvation* (SCM Press, 1969).

ホッブズ，ヒューム，カント

自由意志についてのホッブズの考えを理解するためには，1656 年にロンドンで『自由，必然性，偶然に関する問題』というタイトルで出版された，ブラムホール主教との議論を読む必要がある．ブラムホールは，デリーの国教会主教であり，イングランド内戦の間，ホッブズとパリに亡命していた．この論争の中で，ブラムホールは，意志にもとづいた中世のスコラ主義的伝統を表明し，人間の行為とその自由を説明したが，その説明はアクィナスやスコトゥスといった思想家から多大な影響を受けている．ホッブズの批判は手厳しく，大きな影響力をもつものである．私は，『自由，必然性，偶然に関する問題』を，ホッブズの著作集の新しいクラレンドン版で編集しているところである．この論争の中でのホッブズの部分は，『自由と必然性について』というタイトルで別個に出版されている．この著作やほかのホッブズの著作からの抜粋は，次のものを参照.

D. D. Raphael (ed.), *British Moralists 1650–1800* (Hackett, 1991).

ホッブズの偉大な政治的著作である『リヴァイアサン』の最初の部分にある，行為と情緒についての議論は，ぜひ読んでいただきたい(特に，最初の章と第 6 章)．R. Tuck による版を挙げておく.

Hobbes, *Leviathan: Revised student edition* (Cambridge University Press, 1996).

また，すでに言及した私の論文もぜひ見ていただきたい.

行為と自由について，ホッブズのものよりも複雑だが，ロックの『人間知性論』も見ていただきたい．ここでの説明はロックが認める以上にホッブズに負っている．

John Locke, *An Essay Concerning Human Understanding,* ed. by P. H. Nidditch (Clarendon Press, 1975).

現代の英米系の両立可能説は，デイヴィッド・ヒュームに多くのものを負っている．彼の考えを示した重要な言葉は，『人間知性研究』の第 8 節「自由と必然性について」に見ることができる．因果性についての知識と経験についてのヒュームの懐疑主義は，「必然的結合の観念について」というタイトルの付けられた『人間知性研究』の第 7 節で述べられている．因果性についてのヒュームの解釈については次のものを見てほしい．

John P. Wright, *The Sceptical Realism of David Hume* (Manchester University Press, 1983).

Galen Strawson, *The Secret Connection* (Oxford University Press, 1989).

行為と自由，道徳性一般についてカントを理解するときに中心になるのは，彼の『道徳形而上学原論』である．英訳は例えば H. J. Paton のものがある．

Immanuel Kant, *Groundwork of the Metaphysics of Morals* (Harper & Row, 1964).

しかし，カントの考えは複雑で，その成熟した体系の中でさえ，しばしば変化している．それについての有益な議論は，次のものを見られたい．

Henry E. Allison, *Kant's Theory of Freedom* (Cambridge University Press, 1990).

現代の議論

現代の英米系哲学の伝統には，多くの両立可能説の主張が含まれている．短い論文としては次のものがある(これは前掲の Gary Watson (ed.), *Free Will* の第 1 版に収録されている).

A. J. Ayer, 'Freedom and Necessity', in his *Philosophical Essays* (New York, 1954).

書籍としては次のものを参照.

Daniel Dennett, *Elbow Room* (MIT Press, 1984).

人間の生活における非難と怒りの場所をめぐる巧みな議論については，次のピーター・ストローソンのものを参照(これも Watson の第 1 版に収録).

Peter Strawson, 'Freedom and Resentment'.

スーザン・ウルフは，自由意志と責任が合理的に行為する能力と同じであるという合理主義的な考えを次の著作で論じている．

Susan Wolf, *Freedom within Reason* (Oxford University Press, 1990).

懐疑主義的な立場については，次の論文（これも Watson の論集に所収）と著作を見てほしい．

Galen Strawson, 'The Impossibility of Moral Responsibility'.

Galen Strawson, *Freedom and Belief* (Clarendon Press, 1986).

ハリー・フランクファートは，道徳責任を自由よりも自発性にもとづけるための議論を展開しているが，それについては次の論文を見ていただきたい．

Harry Frankfurt, 'Alternate Possibilities and Moral Responsibility', in *The Importance of What We Care About* (Cambridge University Press, 1988).

自由意志説についての名高い最近の擁護については，次のものを見ていただきたい．

Robert Kane, *The Significance of Free Will* (Oxford University Press, 1998).

近年の自由意志説のすぐれた概説は，

Randolph Clarke, *Libertarian Accounts of Free Will* (Oxford University Press, 2003).

を参照．両書とも，私の立場とはかなり違う立場から議論を展開している．

自由と行為についてのさらなる私自身の考えは，次の著作を見ていただきたい．

The Ethics of Action: Action and Self-Determination (Oxford University Press, 未公刊).〔*Self-Determination: The Ethics of Action, vol. 1* (Oxford University Press, 2016).〕

また次の手引書の中では，道徳性，特に道徳的義務の本性における行為の位置づけについて議論を展開している．

The Ethics of Action: Action and Normativity〔未公刊〕.

日本の読者のための読書案内

わが国では社会科学の分野において自由の問題をテーマにした本は多いが，海外とは異なり，哲学的な自由について論じた本はあまり多くない．わずかではあるが本書と関係しているものを紹介したい．

(1) ホッブズ『リヴァイアサン(1)』水田洋(訳)，岩波書店，1992年
(2) デイヴィッド・ヒューム『人間本性論〈第1巻 知性について〉』木曾好能(訳)，法政大学出版局，2011年
(3) デイヴィド・ヒューム『人性論(1)：第1篇 知性について(上)』大槻春彦(訳)，岩波書店，1948年
(4) デイヴィド・ヒューム『人性論(2)：第1篇 知性について(下)』大槻春彦(訳)，岩波書店，1949年
(5) デイヴィッド・ヒューム『人間知性研究：付・人間本性論摘要』斎藤繁雄，一ノ瀬正樹(訳)，法政大学出版局，2011年
(6) カント『道徳形而上学原論』篠田英雄(訳)，岩波書店，1976年
(7) ジョージ・エドワード・ムーア『倫理学』深谷昭三(訳)，法政大学出版局，2011年
(8) ダニエル・C. デネット『自由は進化する』山形浩生(訳)，NTT出版，2005年
(9) 門脇俊介，野矢茂樹(編・監修)『自由と行為の哲学』春秋社，2010年
(10) 青山拓央『時間と自由意志：自由は存在するか』筑摩書房，2016年
(11) 成田和信『責任と自由』勁草書房，2004年
(12) 古田徹也『それは私がしたことなのか：行為の哲学入門』新曜社，2013年
(13) 戸田剛文，松枝啓至，渡邉浩一(編)『哲学をはじめよう』ナカニシヤ出版，2014年
(14) ベンジャミン・リベット『マインド・タイム：脳と意識の時間』下條信輔(訳)，岩波書店，2005年
(15) マイケル・S. ガザニガ『脳のなかの倫理：脳倫理学序説』梶山あゆみ(訳)，紀伊國屋書店，2006年

こういった問題に興味をもったならば，できれば，やはり本書で登場する歴史的な哲学者自身の著作に触れていただきたい．もちろん，過去の哲学の名著を読むことはなかなか大変なことではあるが，本書で言及されている個所の背後には，それぞれの哲学者たちのもっと大きな体系が隠れている．そういった哲学者たちの世界観にふれつつ本書で述べられていることを読むと，いっそうなぜ哲学者がこのような主張をしたのかということの理解が深まるだろう．(1)から(6)で取り上げたのはそういった本である．

(7)のムーアは，20 世紀前半を代表する哲学者の一人であるが，彼はわれわれが日常的に正しいと信じている命題がどのようなものであるのかということを明らかにしようとした哲学者としても知られている．彼はここで挙げている本の中で，「ほかのことができた」という文の分析を行うことで，両立可能説的な立場を主張している．本書ではあまり言及されていないが，彼のような議論は，言語分析に主に関心のある哲学者によって採用されている．また(8)のデネットの議論も，本書で述べられているようものとかなりタイプは違うが，自由を進化の過程に位置づけようとする自然主義的な観点から自由の問題に取り組んだものであり，多くの人々に注目されている．(9)は，自由意志について論じられた代表的な論文のアンソロジーである．本書で少しだけ言及されているフランクファートや解説でも名前を挙げたストローソンの論文などが収録されており，現代における自由意志の議論を少し専門的に知りたいならば，ぜひとも読んでいただきたい本である．(10)は，枝分かれしていく未来の中に決心の瞬間を位置づけることができるのかという問題を手掛かりに，自由意志の問題が従来とは異なる視点から掘り下げて論じられていて興味深い．(11)，(12)も，現代における自由意志をめぐる議論の概要を知るのに役立つだろう．(13)は，哲学についてのいくつかのトピックを扱った入門書であるが，この中の第 5 章で，本書の訳者の一人，豊川が自由意志の問題を紹介している．(14)と(15)は，現代の脳科学の研究を中心に，それがわれわれの倫理的な問題にどのような影響を与えるのかということが紹介されている．(14)のリベットによる実験は，意識と脳の機能の因果的関係について，自由意志の問題に大きなインパクトを与えた．(15)は，文章も平易でかなり読みやすい．

（戸田剛文）